山本 睦
Yamamoto
Chika

保育・教育の評価とマネジメント

Evaluation and
Management
in Early Years
Settings

ナカニシヤ出版

はじめに

教育評価とマネジメントに関する本を執筆しようと決めて，すぐに保育無償化が突然決まり，各園長も各市町村の行政担当者も対応が大変だという事態になり，その無償化も含めて執筆すると決めて1年半が過ぎてしまいました。その後2020年2月末にベルリンでの学会に参加し，帰ってきた日本もたいへんなコロナ禍となりました。平時であればもっと騒がしく研修に追われていたと思うのですが，緊急事態宣言下で集団での研修機会もなくなり，オンライン授業の準備に追われ，実習の運営に次々と難題がふりかかり，1日中パソコンの前で学生対応に追われることとなりました。

ストレス性蕁麻疹が出るほど大変な状況下でしたが，コロナ禍での保育関係者の対応の温度差について肌で感じることができましたし，2018年度から取り組んでいた非認知能力に関する研修，学生と保育現場の連携事業，学習指導要領改訂についての啓発活動などさまざまな教育実践と，2011年度の研修効果に関する調査，2013年から2017年度まで実施した退職調査，そして2016年度から2019年度まで実施した再就職に関する日英比較調査と，一連の保育者のキャリア発達に関する研究が，重なり合う形でこの本が出版できることになりました。

保育における教育評価と保育者のキャリア発達を並行して考えていくなかで，両者をつなぐカリキュラム・マネジメントという領域が立ち上がってきました。書類作成による業務負担は，保育職の退職や潜在化に寄与していることは日本もイギリスも同じでしたが，イギリスでは資格の高次化にともない資格取得段階で評価と計画のノウハウを教えられており，また資格によって受け持てる仕事が区分されているため，カリキュラム・マネジメントに携わっている有資格者は仕事に誇りを持っていることが発言の端々から見て取れました。どうしたら苦手を得意に変えられるのか，評価活動の効率化と教育効果を実感する作業を矛盾なく行うためにはどうすればよいのか，まだまだ試行錯誤の段階です。

就学前教育の重要性は，近年一般の人たちの間でも周知されるようになってきました。マスコミの報道等によると，まだ建物のデザインなどハードの部分が多いように感じますが，それでも子どもの教育環境に注目が集まることは良いことだと思います。しかし，子どもの支援は考えられやすいのに，それを支える保育者への支援はなかなか進まないようです。エッセンシャル・ワーカーという言葉だけ一人歩きをしていて，ワクチンの優先接種対象者にもなりえず，イギリスのように週２回の抗原検査も受けられません。リモートワークや飲食店の休業要請ばかりが注目されていますが，保育者の専門職としての待遇は危険手当の域にあると思います。

このような状況下でも，保育者には「質の向上」の掛け声がかかります。少しでも，保育者の負担が軽減していくよう願ってこの本を執筆しました。この本の内容を「覚える」のではなく，「考える材料」にしてもらえたら幸いです。

令和３年４月

三度目の緊急事態宣言下の GW に

山本　睦

目　次

はじめに　i

第1部　就学前施設における教育評価 ………………………………… 1

第1章　自己評価ガイドラインの改訂がもたらす保育活動の変化　3

1. Care から Education へ：保育の教育化　3
2. 保育の過程　5

第2章　保育者の自己評価：
保育内容の教育評価「何を育てるのか」の明確化　17

1. 教育評価の種類　17
2. 保育者に求められる自己評価　21
3. 保育士等の自己評価：明確化と共有のためのコツ　24
4. 自己評価に役立つ記録：取り方と分析の仕方　29

第3章　施設の教育評価：
園の特色と評価基準の整合性　37

1. 園内管理職のリーダーシップのもとで実施する評価　38
2. 園内職員以外からの評価　47

第4章　2020 教育改革と就学前教育で育む能力・資質　51

1. 何を目指して教育するのか：OECD のフレームワーク　51
2. 教育の何が変わったのか：2020 以降に求められる能力・資質　55
3. 非認知能力と教育評価　58

第2部　保育マネジメントの視点 ………………………………… 61

第5章　保育マネジメントの特徴：
〈カリキュラム〉と〈時間〉のマネジメント　63

1. マネジメントにまつわる誤解　63
2. 保育マネジメントの3領域　65

第 6 章　退職や潜在化と保育マネジメント：
〈人〉のマネジメント　75
1. HMR（Human Resource Management：人的資源管理）の目標　75
2. 日本とイギリス：就業継続に必要な支援の違い　78
3. 退職の実態：退職者と管理職のずれ　84

第 7 章　コロナ危機とマネジメント　91
1. Risk management of Covid-19 in Early Years Settings in the UK
イギリスの幼児施設における Covid-19 のリスク・マネジメント　92
2. リスク・マネジメントに関する考察　103

引用文献　107
おわりに　111
資　料　113
索　引　119

第 1 部
就学前施設における教育評価

第 1 章
自己評価ガイドラインの改訂がもたらす保育活動の変化

1. Care から Education へ：保育の教育化

令和 2（2020）年 3 月に，厚生労働省は「保育所における自己評価ガイドライン（2020 年改訂版）」を公開，同年 4 月より適用開始としました。もともと，自己評価ガイドラインは平成 20（2008）年 3 月に告示された「保育所保育指針」（以下，保育指針）の中で，保育士による自身の保育実践を評価する「自己評価」の実施と，その結果の公表が努力義務として示されたことを受けて，翌平成 21（2009）年に作成，適用されました。当時，ある公立園では幼稚園と保育所が協力して，同じ基準で自己評価ができるように項目を定めて，当てはまると思われる段階に○をする，というおよそ「自分の保育の振り返り」とは程遠い数量化によって，この新たに課せられた書類作成を簡便化しようと取り組んでいました。その一方で，当時保育所ではエピソード記述による研修がさかんで，「エピソードを記録として書く」ということに熱心に取り組んでいました。筆者はこのエピソード記述の研修講師をつとめ，また県全体で幼児の環境学習に取り組まれている実践[1)]に注目したりするなかで，「教育活動としての保育」ができる保育者を養成することの重要性を感じ取っていました。こうした現場

1）滋賀県幼児自然体験学習プログラム集（平成 18 年度追録版）「うぉーたんの自然体験プログラム」（滋賀県琵琶湖環境部エコライフ推進課）。

の変化を養成課程に反映させるため，筆者の所属が新設の4年制保育者養成学部であったこともあり，「ねらい」の立案を教育評価と対応させた指導案の書式や，エピソード形式の実習日誌を開発し，実習時に学生に使用させました。

最初に「自己評価」の導入が保育現場に図られ，次の平成29（2017）年3月告示翌平成30（2018）年度から適用された保育指針の改定では，小学校以上の教員と同じく，教育活動のPDCAサイクルを回すうえで，C（Check；チェック）の役割をもつ「自己評価」が求められるようになります。それが「保育内容等の評価」であり，「評価を踏まえた計画の改善」の意図するところです。これに関しては次節で詳細に説明します。

「自己評価」も「教育評価」の一部なのですが，平成29（2017）年の「教育活動としての保育」を強調するようになるまで，保育界では指導計画の作成については意識されていても，「教育評価」という言葉には馴染みが薄かったことは否めません。なぜなら，小学校以上の教員とは異なり，受験を希望している家庭の子どもや障害のグレーゾーンにある子ども以外は，「子どもを評価する」という活動そのものが就学前に必要だとは思われていなかったからです。この「教育活動としての保育」は養成課程の改訂[2)]において，これまで指導計画に関する講義であった「保育課程論」が「保育の計画と評価」と変更されたことにも反映されています。この科目についての内容は，次のようになっています。

〈目標〉

1．保育の内容の充実と質の向上に資する保育の計画及び評価について理解する。
2．全体的な計画と指導計画の作成について，その意義と方法を理解する。
3．子どもの理解に基づく保育の過程（計画・実践・記録・省察・評価・改善）について，その全体構造を捉え，理解する。

〈内容〉

1．保育の計画と評価の基本
⑴ カリキュラムの基礎理論

2）厚生労働省子ども家庭局通達，「「指定保育士養成施設の指定及び運営の基準について」の一部改正について」，子発0427第3号　平成30年4月27日。

⑵ 保育における計画と評価の意義
⑶ 子どもの理解に基づく保育の過程（計画・実践・記録・省察・評価・改善）の循環による保育の質の向上

2. 保育所における保育の計画
⑴ 保育所保育指針，幼稚園教育要領，幼保連携型認定こども園教育・保育要領の内容及び社会的背景
⑵ 保育所保育指針における保育の目標と計画の基本的考え方
⑶ 全体的な計画と指導計画の関係性
⑷ 全体的な計画の作成
⑸ 指導計画（長期的・短期的）の作成
⑹ 指導計画作成上の留意事項
⑺ 計画に基づく保育の柔軟な展開

3. 保育所における保育の評価
⑴ 保育の記録及び省察
⑵ 保育士及び保育所の自己評価
⑶ 保育の質向上に向けた改善の取組
⑷ 生活と発達の連続性を踏まえた保育所児童保育要録

この内容変更で注目したいのは，〈目標〉の 3「子どもの理解に基づく保育の過程（計画・実践・記録・省察・評価・改善)」という表現です。「子どもの理解に基づく」というのは，「子どもの現状を把握する」つまり何らかの評価活動が含み込まれることを示しています。明確に「子どもを評価する」としてしまうと，「子どもをテストで得点化し，序列化する」といった狭い評価の概念によって誤解が生じてしまう恐れがあります。したがって，子どもを理解する，といった婉曲な表現になっているのでしょう。

もちろん「教育評価」という言葉は，子どもを対象とした評価のみを指すわけではありません。教育評価の対象については，次々節で詳細に説明します。

2. 保育の過程

先の〈目標〉3 の後半にある「保育の過程」について，整理しておきましょう。(　) の中に示されているように，これは PDCA を回すことに他なりませ

ん。「計画＝Plan」「実践＝Do」「改善＝Action」に該当します。それ以外の活動，つまり「記録・省察・評価」はすべてCheckに該当することになります。もともとPDCAという概念は経営学で用いられていたものです。ウォルター・A・シューハート，W・エドワーズ・デミングらが提唱した事業活動における生産管理や品質管理などの管理業務を円滑に進める手法の1つのことです。Aを次のPDCAサイクルにつなぎ，サイクルを1周するごとに向上させていくことで，継続的な業務改善を可能にすることを前提とした仕組みです。教師という職種に特有の「終点なき永続的な改善」と「生涯発達」，つまり発達し続けることを求められる価値に合致しており，いわゆる「右肩上がり」の発達モデルと相性が良い活動サイクルです。それゆえ，教育現場に定着しているのだと思います。

「保育所における自己評価ガイドライン」の構成は，このPDCAサイクルと対応するように構成されています（Figure1-1）。

このガイドラインで示される「自己評価」の位置づけは，教育活動のPDCAにおけるC＝教育評価に該当し，「保育士等による自己評価」という記録から省察を得る評価活動と，「保育所による自己評価」といういわゆる施設評価活動という2つから成るということです。本来，教育評価の種類というのは，評

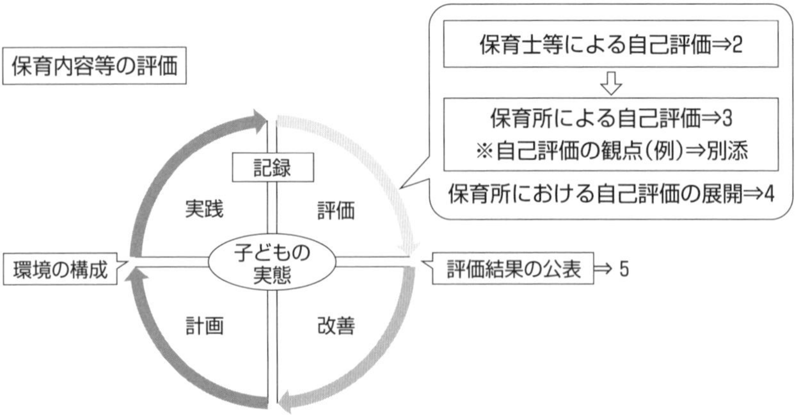

Figure1-1　自己評価ガイドラインの構成とPDCA
（厚生労働省「保育所における自己評価ガイドライン 2020 改訂版」より抜粋）

価対象による分類だけでなく，教育活動中の評価のタイミングによる分類（梶田，1992）など，多様な分類の方法があります。それについては次節でまとめます。

さて，「記録・省察・評価」がすべてC＝Check評価に該当すると述べました。ここでは，各活動について少しだけまとめておきたいと思います。

2-1 記録

記録については，子どもの出欠席や事故が起きた時の報告書，保護者のクレーム処理記録など，各市町や園で書式が整っているものについては，書類（情報記入）の重複がないかを一度精査すべきです。実際には，同じ内容の情報を別書類に繰り返し記録している場合があり，これが業務負担を増しているケースは多々あります。必要な情報と適切な書式に限定する作業は，市役所等行政担当課職員と保育者が協働して情報の優先順位を明確にしながら整理分類し，取捨選択が必要です。

今回の改訂で強調されているのは，次の「省察」につながる実践記録の方法です。筆者が研修等で薦めている記録法は次の2つです。簡単に紹介します。

2-1-1 ポートフォリオ評価法（Shaklee & Viechnicki, 1995；シャクリーら，2001）

教育の文脈でポートフォリオという言葉は，1990年代から才能教育や芸術教育の実践で用いられ，特に作品を生み出す過程も含めた創造活動の評価のために用いられていました。ポートフォリオとはもともと紙挟みのことで，そこから教師の観察記録，保護者の観察記録，子どもの作品や自己評価の記録などを時系列に沿って収集してでき上がった資料全般を指すようになりました。ポートフォリオ評価法は，「特定の目的に沿って，成果物を収集する」ことから始まるのだと考えてください。

シャクリーら（2001）が展開したポートフォリオ評価法を，筆者が保育活動に置き換えて6つの決定事項による方法として紹介しています（山本，2016）。

決定1　活動の内容とねらい
決定2　評価に関わる人々とそれぞれの評価方法
決定3　活動期間中集めていく情報，集めるルール
決定4　活動期間の設定と活動の終わり方
決定5　子ども，保育者，保護者が活動を振り返る機会と振り返ったあとの選択肢
決定6　振り返った内容を次の活動に活かす工夫

この6つの事項を決定し，指導計画の項目とすれば，ポートフォリオ評価法を活用した保育実践が可能です。この決定事項をよく見てください。現場の先生が普段行っている行事までの過程を組み立てる作業を，活動内容からではなく，評価の観点から行っているだけであることがわかると思います。あとは，集めたものを分類し，活用することです。例えば，子どもの発達を見通す力をつけさせたい保育者には，同時期に1つの活動（例えば，粘土による造形，遠足や運動会といった行事の思い出の描画，砂場での共同遊びなど）を決めさせて各クラスで実施し写真や動画で記録，各年齢の典型的な作品を選ばせて一覧でアルバムに保存するだけでも，立派な評価活動になります。

Figure1-2は，実際にイギリスの有資格保育者[3)]が作成し，使用しているポートフォリオです。子ども1人につき1冊ずつ用意されたポートフォリオに，先の6つの決定事項によって決められた「子どもを見る視点」によって切り取られた場面を，写真で記録し，その日のうちに印刷し貼り付けます。手書きやPCを使って端的に説明を記述し，一緒に貼り付けます。年度終わりに最初のページから振り返ることで，自分の長期計画上のねらいについて子どもに見られた変化の過程を1人ずつ文書化して園で保管するとともに，保護者にフィードバックします。

日本の保育は，3歳以上児になると特に「集団で同じことをする」活動が多く，そのことがこうした個別のポートフォリオ作成を困難にさせている一因です。単に集団で写っている写真ならば，写っている子どもの数だけ印刷して貼ればよいことなのです。そろそろ一斉活動による保育の形態についても考え直す時機が来ているのかもしれません。

3）イギリスの保育者資格制度の変更等については，山本（2017）参照。

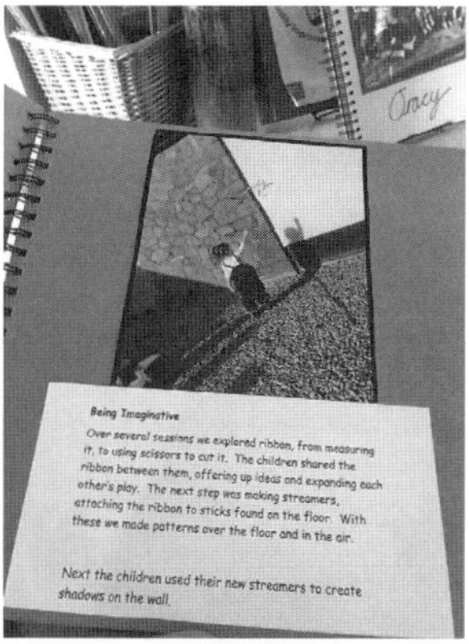

Figure1-2　イギリスの有資格保育者作成のポートフォリオ

保育者の仕事として重要なのは，まず自分の保育目的に沿って「何を／どのタイミングで／どのくらいの頻度で／どのように」収集するのかを決めることです。次に外部の専門家の評価を取り入れる方法を考え，交渉し，実現することです。保育所が地域において果たす役割の1つは，子どもたちを「本物の評価に出会わせる」ことですが，従来の学校文化では非常に取り組みにくいことでした。現在は「本物の学習(Authentic Learning；松村，2003)」が注目されることによって，令和2（2020）年の学習指導要領の改訂が教育対象とした「能力・資質」の形成につながると考えられています。保育の世界でも，育むことが期待される「非認知能力」は「能力 =ability」なので，本物の学習を通じて開発されるものであって，生まれつき備わっている素質や特性ではないことに気をつけてください。

このポートフォリオ評価の方法の優れている点は，「まず評価ありき」であることと，その評価は「次に何をするのか」を子ども自身が選択するための資料であるということです。先に集団で一斉行動による保育を考え直す時機ではないかと述べましたが，行動の「選択肢を準備する」ことは，子どもに「自分のやりたいこと」を自覚させるという点で有効だと思われます。またポートフォリオ評価法は，子どもへの教育的介入とそれがもたらした教育効果に関して説明責任を果たすための根拠を作成する評価です。現在の保育無償化に伴う公的資金投入による説明責任の必要性は，まだまだ保育現場に浸透しておらず，保育者の意識が希薄です。ただ上（行政）から降りてきた書類の空欄を埋めることに必死になっている管理職の人たちには，業務の負担感しか残りません。ポートフォリオ評価法を現場だけでなく，地域の行政担当者も一緒になって学び，効率的な実践と評価が同時に行えるシステムをつくり，教育評価に関する書類を1つに統合できれば，無駄な業務に追われる必要もなく教育について自信をもって仕事ができると思います。「地域の子どもたちをこういう大人にしたい」という一貫した教育目標が幼稚園，保育所，こども園間だけでなく，地域の小中学校とも共有できれば，現在の学習観とも一致する「生きる力」，つまり広い意味でのキャリア教育の展開が可能になります。

ポートフォリオ評価法は子どもには自己評価能力を育み，教師，保護者，地域の専門家にはネットワークをつくる機会をもたらします。単純に園内だけで行っている保育活動ではなく，評価活動を軸として地域や保護者と連携する保育活動を考えるきっかけとなります。しかし，ポートフォリオ評価法には，90年代に注目されたくさんの教育現場の先生たちが熱心に導入したにもかかわらず定着しなかった歴史があります。それはひたすら成果物を集めることにばかり関心が向いていて，その後の分析と結果の利用がうまくできなかったからだと考えます。それについては，年度終わりの書類，つまり指導要録の書式を見直すことから手をつけ，改善を図るべきでしょう。

また，ポートフォリオ評価法には，指導計画にまつわる固定概念による誤った捉え方を払拭するのに有効だという側面もあります。筆者は授業内でポートフォリオ評価法の設計を学生に課すことで，園内活動にとどまらない自由な指導計画と評価を考える課題を毎年テストの問題に設定していました。この作業を通して，①評価から活動を考えていくこと，②指導案といえば製作，描画，ゲームといった固定概念から脱却すること，③30分や1時間で終わるのではなく，好きなだけ長期間活動を継続するという長期の展望をもって指導計画を考えることが身につくと考えたからです。体系的な指導計画を立てることに困難を感じている保育者は，ポートフォリオ評価法に沿って考えてみると体系化の絶好の学習機会となるでしょう。

ポートフォリオ評価法は，その活動を通じて集めた成果を通して，子ども自身が「次に何をするのか」を自分自身で決定することに行き着くよう設定されていきます。先の行事の企画段階と重ね合わせて説明すると，次のようになります。行事のなかで設定するねらいは，クラスごとに異なるはずです。あとは決定2, 3, 5を，子どもや保護者，地域の専門家それぞれにどういう形で評価に参加してもらうか，そして行事も「やりっぱなし」ではなく，しっかり振り返る機会を設定すれば良いのです。最後に決定6に関しては，最終評価を保存する書式や他の職員と共有する機会，あるいはツールを考案することで1つの区切りとなります。

2-1-2 エピソード記述（鯨岡・鯨岡，2007，2009；鯨岡，2012，2013）

質的な記録として，最も代表的な方法がエピソード記述です。筆者は自分の学位論文まで質的研究法（主にインタビュー法）による分析を多く手掛けてきたこともあり，平成20（2008）年頃から保育所の全体研修などを依頼され，それが体系的な説明の流れを考える機会となりました。また学部の教育実習のシステムをつくるなかで，エピソード記述は現場で必要とされるスキルの1つとして，養成期間中に書き方を習得しておくべきことと考えました。その結果，教育実習の日誌形式にエピソード日誌（Figure1-3）を課しました。

エピソード記述の研修をやっていて気づいたことがあります。現場の保育者は正解の「書き方」を身につけることが研修のゴールだと考えているのです。先のポートフォリオ評価法の例から見れば，エピソードを書くというのは成果物を集めることに過ぎません。大事なのは書く前の「子どもを見る視点」の設定と，書いた後の分析と結果の利用です。これを意識しないと，何を書くのかという切り取る対象が一貫せず，次節の深い省察にはたどり着けないのです。

もともと鯨岡・鯨岡（2007）で展開されているのは，現象学で用いる「間主観性」を基軸に，目の前を過ぎ去っていく時間を切り取ることの重要さです。「間主観性」とは，簡単に言うと「その子（主観）」と「私（主観）」の間で立ち現れることであり，またその「主観」はそれぞれが歴史をもった「主観」であ

<table>
<tr><td colspan="2">幼稚園実習日誌</td><td colspan="2">平成　　年　　月　　日(　　)</td><td>天　候</td><td></td><td>クラス担当教員数</td></tr>
<tr><td>クラス名</td><td></td><td>歳児(月齢　M～　M)</td><td>在籍児数</td><td colspan="2">名(欠席　　名)</td><td>名</td></tr>
<tr><td colspan="2">クラス活動のねらい</td><td colspan="5">＊必ずクラス担任に確認して記述する。</td></tr>
<tr><td colspan="2">実習生の目標</td><td colspan="5">＊チェック！　「1期実習の目標」とどのような関係があるのか，自覚できているか？</td></tr>
<tr><td colspan="2">活動内容</td><td colspan="5">一日のなかで重要だと感じたエピソード</td></tr>
<tr><td rowspan="2">a.m.7:00
9:00
p.m.0:00
3:00
5:00</td><td rowspan="2">＊活動内容，場所，所要時間等簡潔に書く。不足分や詳細な記述は，自分で欄を作成し，裏面の〈MEMO〉に記入。</td><td colspan="5">【背景】
＊「出来事」の登場人物や登場人物同士の普段の姿，関係性(あなたとの関係性も含む)，先生から聞いていた情報(例えば前日までの活動内容，これまでの「出来事」，普段からよくみられる行動など),「出来事」の直前に行われていたことなど，**エピソードの文脈を記述**する。</td></tr>
<tr><td colspan="5">【エピソード】
＊「出来事」を自分が目にした順番に「ありのまま」に書く。
　万一，後から事象の起こった順番と違っても，それは「考察と反省」に「○○(先生，他の子ども)のお話から，…」と記述する。あくまでここでは，自分が見たものを見た通りに記述する。
＊重要なのは，個人名が特定されないよう配慮した記述をすること！
　イニシャルもダメ。Aくん，Bちゃんとすること。
＊体言止め(名詞で終わる述語のない文)で書かれるエピソードも多いが，実習日誌ではしっかり主語＋述語で記述する。</td></tr>
<tr><td colspan="7">【考察と反省】
＊自分が見た「出来事」と，他の「出来事」,「理論」，先生からの指導内容などを**擦り合わせて**,「何が考えられるのか」を記述する。

〈チェックポイント〉
＊自分の目標，前日(これまで)のエピソードと整合性があるか？
＊エピソードの蓄積から，どのような法則，ルール，気づきが導けるのか？</td></tr>
<tr><td colspan="7">【考察と反省から導きだされた次の目標】
＊何を学んで，次の日から**「どの場面」で「どのように」活かすのか**を書く。
＊「頑張ります」といった予定調和的表現になっていないか？</td></tr>
</table>

Figure1-3　幼稚園実習のエピソード日誌と書き方の指導内容

ることを前提としています。目の前で起こった出来事を動画のように切り取りつつも，「私」にはなぜそう観えたのか（私のこれまでの経験の影響），「その子」はなぜそう振る舞ったのか（これまでの対象児の情報），を同時に考えるのです。そして，「私」と「その子」それぞれの歴史性の次は，「関係性」の歴史に着目します。これまで私たちの間には何があり，どのように（共通の意味を）捉えてきたのかに視点を移します。こうして視点を多様化しながら，気づきを得るようにするのですが，そこで大事なのは正解の書き方ということではありません。例えば，Figure1-3の実習日誌であれば，何を記述対象として捉えるのかは，その学生が実習で何を学びたいのか，つまり「実習の目的」によって決まるからです。このことを事前指導で説明し，「○期実習の個別課題」の欄に書いた内容が自分の「子どもを見る視点」となり，実習期間1日1日が学びの蓄積になるのだと説明すれば，個別課題が作文にならないし，自分が何を学ぶのか明確な目標を考えるようになります。現場の教師の保育活動に置き換えるなら，エピソードを記述するには，指導計画の核である「ねらい」を明確に考える必要があるということです。「自分の担当するクラスの子どもは，この年度終わりまでにこうなっている」という明確な「ねらい」がなければ，記述対象があっちに行ったりこっちに行ったりして，次節の深い省察にはたどり着けないのです。

2-2 省察

2-2-1 省察とは何か

教育に携わる職業に就いている人たちが好んで使う言葉の1つに，「省察」があります。保育者や実習生の多くは，省察を漢字の字面から「反省と考察」，あるいは単純に「反省」と捉えている人が多いようです。省察 reflection はもともと哲学の用語であり，ステッフィら（Steffy et al., 2013）はデューイの「省察的思考」概念をもとにして Figure1-4 のようなサイクルモデルを提唱し説明します。もともとの省察的思考とは，自分が活動中に抱いた疑問や混乱を解決するために，探索し追求し詮索する状態を指しているそうです。つまり，不協和や葛藤状況に遭って，そこから問題を発見し解決に向かう過程すべてが含まれるのが「省察」であると考えられます。

そのように「省察」を捉えるならば，問題解決過程に関わるすべてが「省察」となるので，ある経験を取り上げて同僚と話すことや，何らかの会議・研修への参加，体系化された専門性を獲得する試みといった新

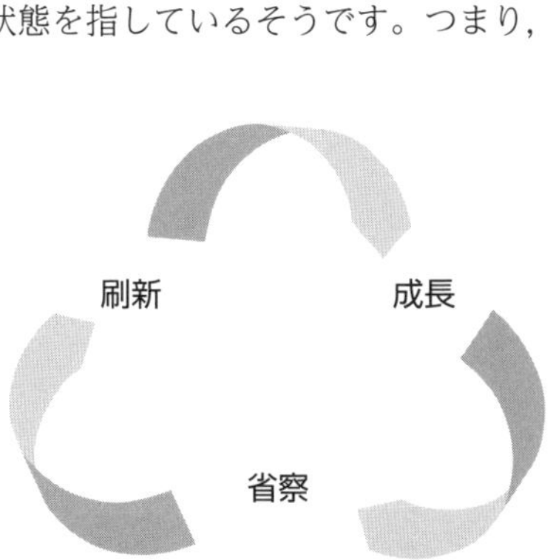

Figure1-4　省察 - 刷新 - 成長モデル
(Steffy et al., 2013, p.22 を一部変更して作成)

しい知を求める機会への参加が多ければ多いほど「省察」がなされることになり，その結果，刷新と成長の経験を螺旋型に繰り返されていくことになるのです。

保育の世界ではよく「気づき」という言葉で表されますが，「何かこれまで見えなかったものが見えてきた」という意味あいが強いように思います。むしろ，「気づき」が解決した問題が何か，また自分がある事柄をなぜ「問題」として認識したのかといった点を問わなければ，「何を解決したのかわからないけど，何かが変わった」という主観的な変化の感覚だけでしかないと思われます。問題が意識化されている「省察」を伴う意図的でクリアな「気づき」にすることで，これまでの問題が修正される「刷新」と問題解決の仕方がわかり，問題を恐れなくなる「成長」へとつながるのです。

2-2-2 省察にたどり着く方法

「省察」が単なる気づきとは異なることがわかったところで，どうすれば「省察」ができるようになるのかという方法の問題を示さなければなりません。先に書いた同僚と話し合う機会，会議・研修への参加機会など新しい知を求めることに参加する，平たく言えば新しい情報に対して「アンテナを高くする」ことが第一の条件です。特に，ここ数年の保育の世界は改革の全体像が見えないまま，次々に改定が行われており，改定一つひとつは覚えることあるいは研修を受けることで対応できても，他の改定とのつながりが理解できないことが多いように思います。本章の〈Try! 演習問題〉では，改定間の比較検討を行うことでつながりを発見することをねらいにしていますので，ぜひ挑戦してみてください。

ステッフィら（2013）は，デューイの提唱する効果的な省察を行ううえで必要な3要素を取り上げていますが，筆者の見解も込めてその3要素を説明してみましょう。

1．広い心

学習者が問題を問題として受け入れること，多様な解決の選択肢をもてること，これまでの信念が脅かされたとしても多様な解決法を模索すること。筆者は「心の広さ」という表現よりは，柔軟性や自分の常識を疑う態度といったほうがわかりやすいと考えます。

2．誠実

解決方法を探すことに自ら関わること，熱心に取り組むこと。筆者はさらに，他人任せにしないことや，模倣だけでなく自分が発想した独自の工夫をこらすことに努めることが重要だと考えます。

3．責任

自分自身が問題の一部であること，解決法を見つける立場であること。筆者は，この責任について，「アカウンタビリティ（説明責任）をもつこと」という側面を強調して付け加えたいと思います。省察は決して自分の成長のためだけのものではありません。これはこの本の1つの核である「評価」の問題として，考えていかなければならないのです。アカウンタビリティについては，次章以降で説明します。

この道徳的とも取れる3要素は，就学前教育の内容として考えるならば，第4章で展開する新たな学力の指標とも重複しています。特に，誠実については，非認知能力の1つの柱（ヘックマン，2015）であることを考えると，子どもの前に立つ大人が自分の日常をデータとして客観的に自己評価していく態度を崩さないことの重要性が示されていると思います。

＜Try! 演習問題＞

2020年に改定された小学校の学習指導要領では，小学生の学習方法として「アクティブ・ラーニング」が組み込まれています。

では，「アクティブ・ラーニング」が成立するために，幼児期に育てなければならない非認知能力とは具体的にどのような能力でしょうか。下記3つの能力から1つを選んで，その能力を高める指導を考えてください。

①役割取得能力（相手の視点で物事を考える力）
②自発性（自分から進んで物事に取り組む力）
③グリッド（最後までやり抜く力）

＊ヒントは第4，5章にあります！

第 2 章
保育者の自己評価：保育内容の教育評価「何を育てるのか」の明確化

第 1 章で保育の教育化について説明し，その結果教育評価の領域が保育の領域においても重視されるようになったことを述べました。ここでは令和 2 (2020) 年の自己評価ガイドラインの改訂を，教育評価領域において位置づける作業から開始します。そして，本章のメインターゲットである「保育士等による自己評価」を，教育評価の側面から説明します。さらに，「保育士等による自己評価」のエビデンスとなる記録について，自己評価につなげやすくする方法を紹介します。

1. 教育評価の種類

最初に，これまでの小学校以上の教員免許を取得する教職課程において，教育評価論として避けて通ることのできない分類から紹介します。

Table2-1 は，教育活動のなかでどの教育段階で下すべき評価であるのかを基準に，評価の目的と性格をまとめたものです。「事前的評価」「診断的配置的評価」は，例えば就学前健診時に行う知的検査等をイメージするとわかりやすいかもしれません。これからの学習活動に入る前に，活動に必要な知識や能力，スキルや手続き等を調べて分析や分類を行って，学習者の配置や活動そのものの難易度を調整したりするための評価です。ですから，評価は特定の個人について知るとともに，集団全体を見通して，活動の管理や運営のために評価結果

Table2-1　教育評価の位置と役割（梶田，1992）

類型	評価位置	評価の目的	評価の性格
1	「事前的評価」 「診断的配置的評価」	管理／運営の改善や方向づけ	「実態把握」
2	「形成的評価」	指導／教授の改善や方向づけ	「測定」
3	「総括的評価」	学習者自身の学習や努力の方向づけ	「目標到達性の把握」
4	「外在的評価」	調査や研究のためのもの	「査定」

は活用されます。就学前の場合は，特にクラス担任が変わって「さぁ，これからクラスをつくっていくぞ」というときに，最初に意識して行うべき評価と言えるでしょう。このクラスは，「誰が，何を，どれくらい」できるのか，あるいは経験してきたのかを担任が知るために，設定する評価です。このときに大事なのは，評価の性格が「現状把握」にあることです。クラスの全員ができるような評価課題を与えるのではなく，今年度の長期指導計画の最終目標につなげるために，この１年間の指導計画を立てる際には，計画の前提となる能力が備わっているのか，経験が備わっているのかをしっかり確認することが大事です。「どの子ができて，どの子ができなかった」という情報だけに注目するのではなく，現行の指導計画で大丈夫なのか，前段階の活動を組み込む必要はないのか，指導方法を事前に変更する必要はないのかを確認することが目的です。就学前では，特に言語と運動に関わる能力は，指導方法の選択に関わってくるので，「事前的評価」「診断的配置的評価」に取り組むことが必須です。

「形成的評価」は，活動の途中で，活動をもっとも効果的にするよう活動自体の軌道修正をするための評価と言われ，教育評価を前章（p.13）で説明した省察につなげるために，とても重要なものと考えられています。評価の性格は「測定」であり，最終的な活動の到達目標に関連する何らかの知識や能力，スキルや手続き等を数値化して検討する作業です。園では行事に向けてある程度期間を設けて準備をしますが，準備過程そのものが学習活動なので，例えばある行事のリハーサル・予行演習の後にうまくいかないと判断したところに関しては，脚本や配役，動線を変えたり，演目の順番を変えたり，練習方法を変えたりと本番に向けて様々な変更や修正を実施します。その変更や修正が必要だとされる根拠＝エビデンスを明確にするのが「形成的評価」だと考えると理解しやすいのではないでしょうか。これまでリハーサル・予行演習の出来について，（保護者の目を気にしている）担任自身や他の（特にベテランで発言力のある）先生の「主観」で良い悪いと判断してきたところを，クラス担任が明確な目的意識をもって事前に定めた評価項目でチェックをし，それをもとに変更や修正が図られ実施されれば，少なくともクラス担任の「やらされ感」は減じるでしょう。数値化を難しく考えるのではなく，厄介な感情面でのストレスを減らすために，評価し「数える」ことだと考えるところから始めてみるといいかもしれません。

「総括的評価」は，活動が一段落した時点で，活動の成果を把握するための評価を指します。一般的に狭い意味での評価，つまり学習活動の成果をテストで測定する場合の評価です。保育者の場合，まず思い浮かぶのが指導要録の作成ではないでしょうか。園での活動すべての最終評価に位置づけるものだからです。しかし，それは本来の「総括的評価」となっているのでしょうか。「総括的評価」とは，学習者自身の学習や努力の方向づけのためのものであり，教師からの評価のみならず，学習者の自己評価，自己診断に関わる広範な活動が含まれるとされています。指導要録で評価された内容は，開示請求がない限り子どもが知ることはありませんし，指導要録のシステムはあくまで「先生から先生へ」の情報伝達の機会のものでしかなく，また就学前教育の養成課程においては最近まで教育評価が重視されてこなかったという歴史的背景もあって，保幼小間での評価に関する前提が大きく食い違っていることも問題です。拙著『保育教諭のための指導計画と教育評価』（2016，ナカニシヤ出版）の中でポートフォリオ評価法について，就学前教育に適用した形で紹介していますが，ポートフォリオ評価法が有効と考えている理由は，指導要録や児童票といった保育の世界で一般に考えられている評価システムでは取り入れられることのない「学習者自身の学習や努力の方向づけ」の要素が核となっている評価法だからです。これは第４章（p.58），第５章（p.65）で詳細に述べますが，自発性を生み出すことにつながる評価であり，この評価法に沿って実践を組み立てることによって，保育活動そのものが変わることになると考えられるからです。今回の自己評価ガイドラインの改訂は，こうした評価がもつ「目標到達性の把握」を客観的に行うことをねらっているようにも読み取れるのですが，方法の説明としては非常に不十分です。本来の「目標到達性の把握」は，特定の教育目標を各学習者がどのように達成しているか表示しようとするものであり，その結果による保育活動そのものを評価するのにつながるのですが，そのためには指導計画の段階で教育目標を到達目標に変換することが適切になされなければなりません。

最後に，「外在的評価」です。これは第３章の内容に該当します。この評価だけは，一連の教育活動の時間的な流れに沿うものではありません。活動の外側に立って，その活動の在り方を客観的に吟味し，改善を加えるための評価です。目的が「調査や研究のためのもの」となっていることから，保育者は自分に関係ないと思いがちですが，実際にはこの評価の実施による日常の保育に対する拘束力はとても大きいのです。様々な種類の監査や第三者評価と呼ばれる外部評価のことだからです。この評価の性格は，「査定」です。学習者の現状について，何らかの基準に基づき，その価値を値踏みあるいは表示しようとするものと説明されます。つまり，保育者も園も就学前教育として必要な要件を，量的にも質的にも持ち合わせているかを査定されるということです。

このように，教育評価論のなかで基本的とされる評価の種類について述べましたが，もう少しわかりやすくまとめるとFigure2–1のようになります。今回の自己評価ガイドラインの改訂で対象となる「自己評価」とは内側からも外側からも２番目の真ん中の層になります。先の説明の教育活動過程の時間軸に沿った３つの評価「事前的＝診断的配置的評価」「形成的評価」「総括的評価」は，Figure2–1内の自己評価のなかでも「保育者に対する評価」と「活動実践の評価」をする際に意識する必要がある評価の種類となります。「施設環境の評価」はむしろ最外部の「外部評価＝外在的評価」の評価基準に合わせて実施されるため，自己評価のなかでも位置づけが異なります。

ここまで従来の教育評価の種類と関連させて，ガイドラインで示されている自己評価の位置づけをしてきました。この作業が必要な理由は，小学校以上の教員にとっての教育評価の用語と，今回の自己評価ガイドラインで求められて

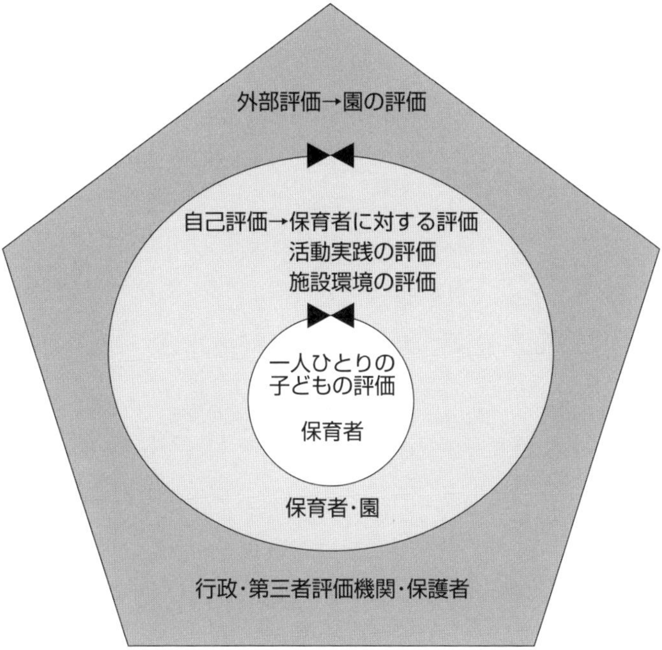

Figure2-1　**評価対象と評価主体**（山本，2018b）

いる評価を重ね合わせることが必要だからです。第4，5章で展開しますが，新たな学力観に基づく学力形成には，就学前教育との連携が必須です。そのため，就学前と就学後で教育評価という言葉が何を指しているのか，種類や名称によって混乱しないよう整理する必要があるのです。

2.　保育者に求められる自己評価

保育者が実施する自己評価は，先述のように「保育者に対する評価」と「活動実践の評価」に該当する内容となります。どちらにしても重要なのは，評価が終着点であってはならないことです。PDCA サイクルを回すための C が評価なので，必ず評価結果は次の A＝改善のためのアクションに結びつかなければなりません。この結びつきを明確にすることが改訂の主要な点であることは

保育の過程に位置づけられる保育内容等の評価

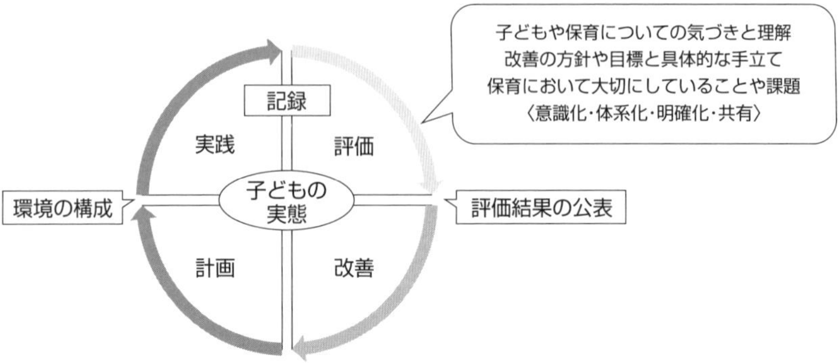

Figure2-2　C にあたる自己評価の意義
(厚生労働省「保育所における自己評価ガイドライン 2020 改訂版」より抜粋)

間違いありません。この点について，自己評価ガイドラインでは図（Figure2-2）で示されています。

Figure2-2 で注目すべきことは，通常「PDCA」サイクルと時系列的に言われているものが，「CAPD」と評価を基準に描かれていることです。また評価が目指していることは，〈意識化・体系化・明確化・共有〉です。つまり，主観や「なんとなく」ではなく，他者が見てもわかる，根拠＝エビデンスが伴っている，そして説明責任を十分果たせるような評価を，保育活動に組み入れて行うということなのです。

「保育者に対する評価」「活動実践の評価」を合わせて，自己評価ガイドラインでは「保育内容等の評価」とされています。この評価の評価主体は，保育者と園となっています。保育所保育指針の中では，次のように説明されます。

保育所保育指針（平成 29 年 厚生労働省告示第 117 号）　抜粋
第 1 章 総則 3 保育の計画及び評価
(4) 保育内容等の評価
ア 保育士等の自己評価
(ア) 保育士等は，保育の計画や保育の記録を通して，自らの保育実践を振り返り，自己評価することを通して，その専門性の向上や保育実践の改善に努めなければならない。

(イ) 保育士等による自己評価に当たっては，子どもの活動内容やその結果だけでなく，子どもの心の育ちや意欲，取り組む過程などにも十分配慮するよう留意すること。
(ウ) 保育士等は，自己評価における自らの保育実践の振り返りや職員相互の話し合い等を通じて，専門性の向上及び保育の質の向上のための課題を明確にするとともに，保育所全体の保育の内容に関する認識を深めること。

イ 保育所の自己評価
(ア) 保育所は，保育の質の向上を図るため，保育の計画の展開や保育士等の自己評価を踏まえ，当該保育所の保育の内容等について，自ら評価を行い，その結果を公表するよう努めなければならない。
(イ) 保育所が自己評価を行うに当たっては，地域の実情や保育所の実態に即して，適切に評価の観点や項目等を設定し，全職員による共通理解をもって取り組むよう留意すること。
(ウ) 設備運営基準第 36 条の趣旨を踏まえ，保育の内容等の評価に関し，保護者及び地域住民等の意見を聴くことが望ましいこと。

アの保育士等の自己評価について検討しましょう。この 3 つの説明項目からわかることは，次の 3 点です。

1. 評価は指導計画と記録に沿って実施されなければならない。
2. 評価は総括的評価だけではなく，心・情・意（意欲や態度，取り組む姿勢）についての形成的評価を含める。
3. 評価は個人内あるいは担当しているクラス内にとどまらず，園全体で共有され，園全体の評価の一部に位置づくことを意識する。

上記 3 点は客観的な評価活動を行ううえで必要な構成要素のように思えます。しかし，2 の指摘には若干就学前教育の弱点が露呈しているように思えます。形成的評価として，心・情・意に関わる観点だけを評価しなさいと言われているように読めてしまうことです。特に創造性を育むような取り組みの場合，意欲や態度に重心を置きすぎると，創造性は阻害されることが多々生じます。子どもをテストし順位づけすることが評価だと考えているような，浅くて狭い教育評価のイメージをもっている保育者が陥りやすい誤解であるだけに，慎重に説明すべきところだと思います。

次にイの保育所（組織）の自己評価についてです。この部分についても，説明項目から評価の要件を抜き出してみます。

1. 園の教育理念やそれに基づく全体的な計画，担当クラスの長期・短期指導計画に基づく保育者の自己評価をベースに評価する。また，その結果を外部に公表する。
2. 園ごとに地域特性や目指す教育水準に合わせて，評価観点や項目を決めることができる。
3. 地域および利用者に開かれた評価を実施する。

このイの保育所（組織）の自己評価は，単に各クラス担任の自己評価を束ねたものであってはなりません。いちばん重要なことは，0歳から6歳までを見通した「全体的な計画が，掲げている園の教育理念や活動実態に則しているか」を園内で自己点検する作業となることです。特にここで重要なことは，園長のリーダーシップのもと，園内職員間で教育目標や評価視点の共通理解を図り，「卒園までに何を育てるのか」そのために「何を観ていくのか」を明確にしていくことです。そして職員の誰もが保護者や同僚，地域の関係者に対して，自分の保育の組み立てに関して説明責任を果たせるようにすることです。簡単に言うと，「私が計画したこの保育活動は，○○を伸ばす・育む・身につけることを目的としてやっています。現在，○○な姿・様子・発言・行動が約●割の子どもたちに観られるので，到達度として●ぐらいです」と説明できるようになると同時に，どの活動についても同じように指導計画を基準に説明できるようになることと言えます。

保育士等の自己評価と保育所（組織）の自己評価に，地域や保護者といった多様な視点を取り入れる仕組みを加えて，保育内容等の評価の全体となります。最後の多様な視点の取り入れに関しては，第3章で詳細に説明します。

3.　保育士等の自己評価：明確化と共有のためのコツ

ここでは，保育者個人が自分の保育について，適切に自己評価できるようになる3つのコツについて解説したいと思います。

コツ1　指導計画のねらいを「到達目標」の水準にする。

就学前の評価がうまくいかない理由の1つに，ねらい＝教育目標の抽象度が高すぎることがあります。例えば，小学校や中学校ならば単元の目標として，「速度について距離と時間の関係から説明できる」「三角形の内角の和が180°であることを，補助線を引いて証明できる」など，非常に具体的なねらいが定められているので，理解について測定することが可能です。就学前教育のねらいではどうでしょうか。例えば筆者が最も警戒するねらいであり，保育者が多用するねらいに「季節感を味わう」というものがあります。このねらいは，何がどうなったら「味わった」つまり到達したと見なすのでしょうか。

この問題を克服するために，学生の実習における指導案であっても，保育現場の研修であっても，筆者は常に2段階のねらいの立て方を指導してきました(山本，2016)。幼保連携型こども園教育・保育要領でも幼稚園教育要領でも構いませんが，3歳以上児の5領域の説明とねらい，そして内容（巻末資料1）が列挙されているところを見てください。指導計画のねらいを定めるときに，まず注目してほしいのは，内容の部分です。各項目の述語を見てください。先ほどの「味わう」をはじめ，「楽しむ」「進んで行う」「気づく」「親しみをもつ」など，子どもの内面をあくまで主観的に推測することしかできないように設定されています。これでは，自分の保育が何をもって到達した・到達しなかったと評価すればよいのかわかりません。そこで，もう1段階評価の対象となる活動に沿って，具体的な子どもの言動や行動，つまり「外部から観察可能な指標」を作成します。本節末（p.29）の〈Try！演習問題〉で少し練習してみましょう。

考え方としては，「楽しむ」ことができているなら，その活動で「子どもは何と言うだろう」と想像することが大事です。例えば，活動中は集中して声も出ないぐらい没頭・没入しているときに，もし次の活動に移る呼びかけを保育者がすると同時に「えーっ，もっとやりたい！」「明日もやる？」といった継続を要求する声が上がるでしょう。こうした具体的な声が上がることを到達目標として設定すればよいのです。その声を子どもから聞くことができれば，あなたの保育は成功したと堂々と評価できます。先述した●割という観点も，声を上げた，あるいはそれに賛同した子どもの割合で評定できるでしょう。「先輩がこれくらいだから，私は……」などと考える自己評価は，自己評価ではありません。ちなみに，他者と比べて評価することを「相対評価」，自分が設定した到達目標に対する到達度で評価することを「絶対評価」あるいは「到達度評価」と言います。

コツ2　省察につながり，数値化できる記録をとる。

同僚や保護者に自分の保育を説明するときに，重要なわりには忘れられがちな視点として，「変化」を明確に伝えることが挙げられます。先程の「楽しむ」を具体的に子どもの活動継続を要求する声としたならば，その声を上げる子どもはどれくらいの割合であったかを毎日記録していくだけでも立派な数値化です。主観的になることを避けるためには，活動の終わりに「また明日もこの○○をやりたい人，手を挙げて」と言って，子どもたちと一緒に声を出して数えることをしてみてください。手を挙げた子どもが減れば，それは慣れや習熟による「飽き」を表し，活動に対する意欲が弱まっていることを表します。そうなったら，次の日に保育者がすることは，次のようなことになります。

・ルールを付け加える
・グルーピングや役割を変える
・課題の到達基準を上げる
・次の活動に移行する

これらはすべて活動の難易度を上げる方向に働き，また没頭・没入を生じさせます。こうした没頭・没入を「フロー」（チクセントミハイ，1991；1996）と呼びます。

Figure2-3は人がどうして没頭・没入ができるのか，その仕組みを図で示したものです。大人であっても子どもであっても，活動の始めは自分のできること（スキル）も課題（チャレンジ）も低い状態（A1）から始まります。活動を繰り返すことによって，スキルが高くなりA2の状況になると，人は退屈を感じます。この状態が「指標となる行動や言動が減ってきたとき」と考えてください。この状況から再度子どもたちが楽しむ状況にするためには，チャレンジの水準を高める，つまり課題の難易度を上げることによって，フローの領域に戻るのです。逆に自分のできることより課題の難易度が高すぎる場合（A3）は

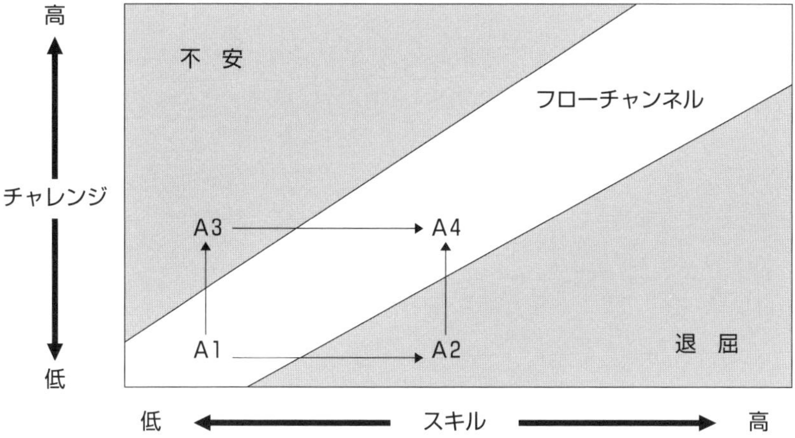

Figure2-3　**フロー体験の結果，意識の複雑さが増大する理由**
（チクセントミハイ，1996．p.95 を一部変更して引用）

不安となり，同様に活動に没頭・没入できなくなります。このスキルとチャレンジのバランスを調整することで，フローを生じさせると，子どもの「楽しさ」につながります。

数値化は難しいことではありません。同じルールに沿って，繰り返し数えたことを日々記録するだけでも，説得力のある指標が作成できることを理解してください。そうすれば，自己評価に関する記述も「多くの子どもが」「少し増えた」など曖昧ではなく，「3 人から 8 人になった」「30 分間続けられた」「何回成功した」という客観的で意味を取り違えることがない，しっかりとした情報として他の保育者と共有できる記録が採用できるようになります。

コツ 3　感想ではなく，考察が書けるようになる。

多くの保育者が苦手とする業務であり，退職の原因（山本，2020）ともなる業務の第 1 位は，文書作成ではないでしょうか。心・情・意だけに注目する教育実践の怖さは，評価に関する文書作成のスキルにも表れています。これまでの主観的な（作文の延長と考えられているような）評価に関する記述の構成は，「○○がうまくできなかった。来年度はがんばります」というものがほとんどだったのではないかと思います。これは評価対象を自分の保育ではなく子どもの能力に置き換えた場合，「○○は残念だったけど，とても一生懸命がんばりました」という評価と同じことです。この学校文化で奨励される意欲や態度のみを評価基準にして，教師が主観的に評価することは，大人になっても「何ができて何ができなかったのか。その原因はどこにあるのか」をデータから考えるスキルを奪ってしまいます。あくまで求められる教育評価とは，自分の保育に対する自己評価であっても，子どもの能力に関する評価であっても，明確な評価基準とデータ（記録）に基づく客観的な評価です。そのための第一歩は，読者が誰であっても伝わる文書を書くことです。

Table2-2 は，文章作成時のチェックポイントを表したものです。このチェックができれば，感想ではなく，根拠＝エビデンスに基づいた考察ができると思います。これは，第２部で論じるマネジメントの問題にも関わってきます。新卒の保育者がいちばん困ることが，「自分の作成した文書が間違っているのはわかるけど，何をどう修正しろと言われているのかわからない」あるいは管理職からの「指摘が一貫していない」ことにあります。

まず管理職が，園内職員で共有する文書であり，改善のための文書である自己評価の文書作成において明確な基準となるルールを示すことが重要です。例

Table2-2　論理的文章を書くための 10 のチェックポイント（山本，2018）

次の各項目に沿って，「他者の視点」で文章を推敲する！

1. 各文の主語と述語は対応しているか。アンダーラインを引いて確認する。
2. 体言止め（名詞や「〜こと」で終わらせる）をしていないか。
3. 話し言葉が混ざっていないか。
4. 自分が見た事実（出来事）・聞いた事実（伝聞）・他の人が考えたこと（引用）がわかる表現になっているか。また，「自分が考えたこと」と明確に区別が分かるようになっているか。
5. 行為の主体や対象が明らかに示されているか（誰が・誰に）。
6. 「自分が考えたこと」の根拠（「なぜそう考えることができるのか」）が書かれているか。
7. その場にいなかった読み手に，より丁寧な説明が必要な箇所はないか。
8. 「自分が考えたこと」と根拠の間に，飛躍・矛盾がないか。
9. 最後は，主観的な感想になっていないか。
10. 「頑張ります」「努力します」といった予定調和的（で，明らかにうそ・表面的）な終わり方になっていないか。

文ではなく，ルールを示すことを心がけてください。保育者もルールを理解して，自分の保育内容にあてはめて考えることをしてください。モデリングするのは，一字一句ではなくあくまでルールです。

それでは，最後にコツ1の練習をしてみてください。大事なのは正解は1つではないことです。

＜Try! 演習問題＞

次の「ねらいの内容」の到達目標を考えてみましょう。その際年齢の問題を考慮して，「○○クラスだったら，この姿は見られるかな……」という見通しをもとに考えてください。
「言葉⑷人の話しを注意して聞き，相手にわかるように話す」を到達目標に変換してみましょう。

ヒント！　相手にわかるように話すことは，4歳頃成立する心の理論（相手の頭のなかにある知識や考えを推測する認知機能）が前提となる。
では，3歳児ならどこまでできれば「良し」としますか？
4歳児なら？ 5歳児なら？

4. 自己評価に役立つ記録：取り方と分析の仕方

自己評価をするには，まず根拠＝エビデンスとなる記録が不可欠です。子どもの何を観て，何を記録すればよいのでしょうか。また毎日記録は蓄積されますが，そのままでは自己評価の文書につながりません。日々のデータから何か傾向を読み取ること，つまり分析する作業が必要です。自己評価の方法として，自己評価ガイドラインでは，チェックリスト形式と文章化・対話による方法が提示されていますが，記録の段階ではどちらにも対応できるような方法での蓄積が有効です。つまり，後で見返したときに変化が追えるものであることが重要です。

第１章で紹介したイギリスのナーサリーのポートフォリオでは，保育中の写真に保育者がコメントを書き込んだものを，子ども一人ひとりのフォルダにファイリングしていました。撮影した写真のなかからポートフォリオに残す選択基準は，到達目標に沿った活動の場面での子どもの様子をセレクトすることです。それは保護者が出入りする園玄関に各領域（「コミュニケーションと言語」「身体の発達」など）の年度末までの到達目標が具体的に掲示されており（Table2-3），そのなかで各担任が特に力を入れたい到達目標を年度始めに決定したものにほかなりません。

自己評価ガイドラインにおいても，次のように記録の取り方については示されています。しかし，何を観るのかという視点の定め方についてはあまり整理されていないので，Figure2-4 を見ただけで保育者が記録する対象を定めることは難しいでしょう。

ここではより深い自己評価につながる記録の取り方を整理しましょう。

ア．何を記録するのか；対象を定めるときの決定事項

・個人（子ども，保護者）を描くのか，集団を描くのか，関係性を描くのか

文章であれ，映像や写真であれ，後で比較対照ができることが大事です。個人に注目して描くことは比較的簡単ですが，クラスなど集団や特定の子ども同士，あるいは子どもと保育者，子どもと親，保育者同士の関係性の変化を対象にすると，記録した際には気づかなかったことでも，後で評価のために見返したときに改めて理解が深まることが多いようです。

・どの出来事を取り上げるか

どうしても行事に振り回されて保育をしていると，一貫した場面を切り取ることができないと思いがちです。しかし，行事の準備段階から当日までを含めて考えたとき，５領域のねらいの内容が該当しない項目はあるでしょうか。確かめてみてください。例えば，明らかに読み聞かせを意識した「言葉(9)絵本や物語などに親しみ，興味をもって聞き，想像をする楽しさを味わう」を運動会と結びつけることはできないでしょうか。物語から音楽へ，音楽からダンスへ

Table2-3 園玄関に掲示してある年度末までの領域ごとの到達目標

	Personal, Social and Emotional Development	Communication And Language	Physical Development	Reading	Writing	Numbers
End of Nursery (ナーサリー修了時；年中相当)	I can share resources with my friends. I can take turns in a group. I can try new activities. I can make 'good choices'. I can tell you how I feel. I can tell you how someone else is feeling.	I can listen to the adult who is talking. I can listen to another child when they are talking. I can say something when it is my turn to speak. I can ask questions to find out new information.	I can put on my coat by myself. I can use jugs to pour carefully. I am beginning to use a tripod grip when using a pencil. I can use the toilet independently and wash my hands.	I can recognize letter sounds in a book. I can tell you the initial sound at the beginning of an object. I can begin to blend sounds to read words. I can tell you what is happening in the pictures of my book. I can guess what will happen next in the story.	I can write the first letter of a word. I can tell you what I have written. I can write my first name, forming the letters correctly.	I can recognize all of the numbers to 10 and put them in order. I can count up to 10 objects reliably. I can write numbers to 10.
End of Reception (レセプションン・クラス修了時；年長相当)	I can work with my friends to solve problems. I can resolve a conflict with another child. I can tell you our class rules. I know how to behave in different situations.	I can sit on the carpet and concentrate for 15 minutes. I can follow two-step instructions. I can answer how and why questions. I can retell an event in the correct order.	I can move confidently in a range of ways, safely negotiating space. I can use equipment and tools effectively and safely. I am able to use a tripod grip when using a pencil. I have good pencil control and can form my letters carefully. I can talk about ways to keep healthy and safe.	I can blend CVC words to read them. I can read the sight words at the front of my Home/School book. I can describe the characters and settings in my books. I enjoy reading both fiction and non-fiction books.	I can write my first name and my surname, forming the letters correctly. I can segment CVC words to write them. I can write some 'tricky' words, that I can't sound out. I can write a sentence and read it out loud.	I can recognize all of the numbers to 20 and put them in order. I can count up to 20 objects reliably. I can write numbers to 20. I can solve simple addition and subtraction problems. I can say the number that is one more/one less than numbers to 10.

【記録の対象】
- 保育の全体的な展開（日誌）
- 個々の子ども（個人記録）
- 遊びや活動の展開過程
- 保育中のある一場面や出来事の経緯（それに関する背景や考察を含む）　など

【記録の形式・方法】
- 文章にまとめる（時系列・原因やきっかけから収束までの過程・子どもの行動や言葉とそのときの状況等）
- 写真や動画の活用（題材として選んだ理由・評価の観点との関連の説明等をあわせて示す）
- 保育の環境や遊びの展開過程等の図示化　など

【記録を保育の評価や改善に活用するための工夫のポイント】
- 分かりやすい示し方や記述内容（経緯・事実・考察の書き分けなど）
- 読み返しやすい整理の仕方（様式の統一，ファイルの作成など）
- 手にとりやすい置き場所や見やすい掲示（職員間・子ども・保護者）

Figure2-4　**保育の記録とその活用**
（厚生労働省「保育所における自己評価ガイドライン 2020 改訂版」より抜粋）

と転換していく過程を子どもたちと共有できれば，運動会で披露できたダンスの見栄えによる評価を超えて，子どもの想像力を刺激し深い理解につながるはずです。

　ただし，この方法には一定の配慮が必要な点があります。例えば，人間関係の領域のねらいの内容をもって運動会にあたる場合，「観るタイミングとして大事なのは運動会当日でしょうか，それとも準備段階でしょうか」という点です。もちろん準備段階での子ども同士，あるいは子どもと保育者の関わりを出来事として記録に残していくべきです。行事の演目に悩む保育者は，逆の発想をしてみましょう。あなたが今年度育てたい能力やスキルは何でしょうか。それを明確にすると行事の演目は絞られてくるし，実践上工夫すべき点も見つかると思います。

・前の記述と後の記述とどのようにつながっているのか

記録を分析する際に最も注目することは「変化」です。一番簡単な方法は，量的に「増えた・減った」で示すことです。かみつき等の問題行動を記録し，問題行動が生起する場面を理解する場合，特にグレーゾーンの子どもの記録などにはとても有効です。しかし，それだけで気づきは得難いです。文書による記録が有効なのは，時間の経過も意識して書けることです。今日の出来事を記述するときに，過去の情報や今後のビジョンも含めることができます。写真や映像の場合，前後の時間や出来事，様子に関する情報はファイルに改めて書き足す必要があります。

イ．到達目標との整合性を図る；出来事の領域を定める

後の分析に適さない記録の取り方は，その時々で気になったことをただ次々と列挙していく記録です。そうではなく，到達目標として観る子どもの行動・言動，さらにその行動・言動は子どもの何に必要な能力・スキルの表れとして設定しているのかを自覚することで，記録のための視点が安定してきます。

まず基本的に押さえることは，自分が子どもに獲得してほしい能力やスキルは５領域のどれに関わるのかということです。領域を明確にすると，記録する出来事と記録しない出来事を分類する第一の目安となります。次に，それは何の活動中に起きたのかを明確にすることで，活動自体のねらいと自分が子どもに獲得してほしい能力やスキルと一致していたのかどうか，その整合性を検討します。子どもに制作活動から制作物で遊ぶという活動を考えたときに，自分が表現の領域に関する能力・スキルを向上させたいと考えているのか，人間関係の領域に関する能力・スキルを向上させたいと考えているのかによって，活動のねらいは変わるはずで，それに伴って一連の活動の時間のなかでどこを記録するのかが決まります。表現の領域ならば子ども個人の制作過程や制作物の見せ方・扱い方等，人間関係の領域ならば他の子どもとの役割分担や会話，遊ぶときのルールの作り方等となるはずです。領域による分類をうまく活用して，記録する場面や対象を選択することができます。

ウ．発達を捉える；「当たり前」を意識化する

先程「変化」という言葉で説明しましたが，「変化」のなかでも保育者にとって重要なのは発達の記録です。これも日々目の前を通り過ぎていく子どもたちの姿のなかで，何を記録すべきなのか困るところです。ここで推奨したい視点は，「(該当年齢・普段だったら) これがフツー」という発達的な見解とズレが生じている点に視点を定める方法です。例えば，４歳なら相手の意図と自分の意図の食い違いがわかるようになるはずですが，目前の子どもは自分と違う意見を言う子が許せないでいる，１歳過ぎても自発的に発話しない，普段は保育士の話を黙って聞いているお母さんが一方的に話すなど，保育者が自分の知識・経験と照らし合わせてひっかかりを感じたところを記録します。これが蓄積されると保育者自身の「フツー＝当たり前」としている発達的な特徴が見えてきます。「当たり前」としていることを引っ張り出してきて意識化すると，もう１ステップ深い洞察が得られます。例えば，「子どもの内面を思い入れで推測していた」「表現しない子を表現できない子として捉えていた」「子どもは保育者の顔色を見ることで反応しているのに自発的な反応と捉えていた」といったことに気づくこともあります。また，正義感の強い保育者ほど「良い・悪い」の価値観だけで物事を捉えようとします。「美しい」「本当」「バランス良く」といった価値も大事です。

エ．共有を前提として記録する；「読み手」への配慮を心がける

最後に記録は自分だけが読むものではないことを意識します。保育士等の自己評価は園全体の自己評価のためのデータとなります。一言で言ってしまえば，その場にいない人にも内容がわかるよう工夫することが重要になります。

文章による記録の場合，独りよがりの文章ではなく，共有することを前提とした文章になっていることが大事です。そのチェックするポイントとして次の3点を挙げておきます。

①その記述の文脈（その子は普段はどのような子なのか，その子たちのそれまでの関係性はどうだったのか，なぜそれが目についたのか等）が示されているか？
②その記述の特異性（これまでの反応とどこが違うのか）と対象との関係性（その

ときに記述者はどう解釈したのか，なぜそう解釈したのか）が示されているか？
③なぜこのタイミングで出来事は起きたのか？

この３点の答えが含まれていれば，記録対象となった出来事について，現場にいなかった管理職や同僚にも，なぜこの出来事や対象を記録したのかその意図が伝わるはずです。文書による記録が苦手な保育者には，一度試してほしい方法ですし，また管理職が文書の修正を要求する際にも目安としてほしいポイントです。

この章では，保育士等の自己評価の位置づけと，自己評価に必要な記録のスキルについて説明しました。この自己評価は，次章の園全体の評価である保育所による自己評価のためのデータの一部を構成します。

第 3 章
施設の教育評価：園の特色と評価基準の整合性

本章では，保育者個々人の保育に関する自己評価ではなく，園全体の自己評価ならびに外部評価について説明します。最初に混乱を避けるために，保育所における自己評価ガイドラインに示されている図を使って園全体を対象とする各評価を整理しましょう。

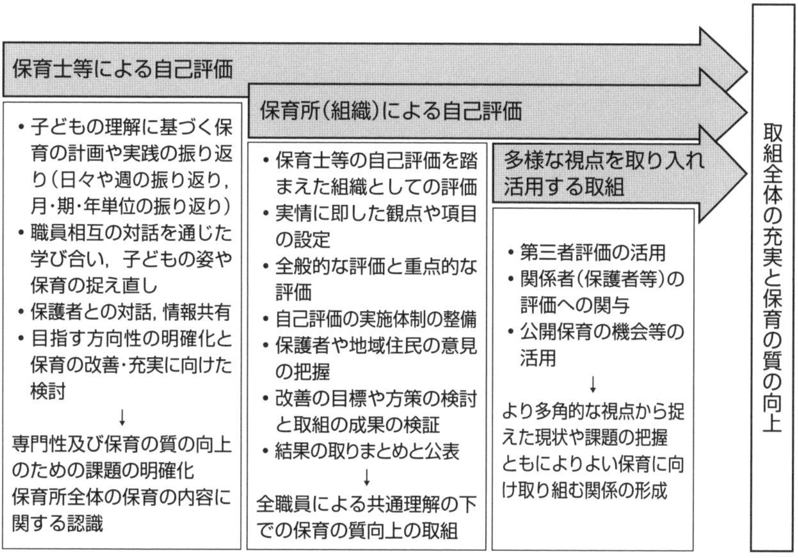

Figure3-1　保育内容等の評価の全体像
（厚生労働省「保育所における自己評価ガイドライン 2020 改訂版」より抜粋）

第2章ではFigure3-1の一番上の矢印にある「保育士等による自己評価」について説明しました。本章では，それ以外の2つ「保育所（組織）による自己評価」と「多様な視点を取り入れ活用する取組」について説明していきます。

1.　園内管理職のリーダーシップのもとで実施する評価

ここでは「保育所（組織）による自己評価」を説明します。自己評価ガイドラインでは，「保育所（組織）による自己評価」は3つのステップから構成されることになっています。

⑴ 適切な評価の観点・項目の設定

⑵ 現状・課題の把握と共有

⑶ 改善・充実に向けた検討

職員全員が集まる時間を取ること自体困難な園内で，この3ステップを効率良く進めることを目標に展開していきます。第2章のFigure2-2（p.22）に戻って確認しましょう。自己評価の原則は，〈意識化・体系化・明確化・共有〉でした。再度念押ししますが「保育所（組織）による自己評価」は，単に個々の「保育士等による自己評価」結果を束ねたものではありません。管理職によるリーダーシップのもとで，全職員が参加しPDCAサイクルの次のA（Action改善）で何をするのか具体的なアクション・プランをつくり上げる過程そのものがこの評価に該当します。ここで特に注力したい原則は，体系化と共有です。

1-1 適切な評価の観点・項目の設定

今回の自己評価ガイドラインの改訂が強調していることは，第三者評価も評価団体によって若干観点が異なるということです。「保育所（組織）による自己評価」の観点・項目は園で決定する，つまり監査のように外部から法的に指定されて実施するのではなく，あくまで自律的な評価活動であるということです。といっても，保育指針に依拠して次の観点から設定するよう誘導していることは否めません。自己評価ガイドラインには次のような記述があります。

各保育所において評価の観点を設定する際の参考として，保育所保育指針に示す

主な事項を，
　Ⅰ 保育の基本理念と実践に係る観点
　Ⅱ 家庭及び地域社会との連携や子育て支援に係る観点
　Ⅲ 保育の実施運営・体制全般に係る観点
に分けて整理する。

この評価観点の具体例は，資料2として巻末にありますので参照してください。ここに挙げられている例は，抽象度もバラバラです。そしてさらに次の記述にあるような観点も推奨されています。

　これらを踏まえ，各保育所の保育の理念・方針や現在力を入れていること，他の保育所等や小学校との連携など地域全体で取り組んでいることの目標等にも照らしながら，それぞれの地域の実情や保育所の実態に即して，適切と思われる評価の観点を設定します。
　評価項目の設定に際しては，保育所保育指針の中で関連する部分の解説を参照することや，既存の評価項目（第三者評価の基準や団体・研究者等が開発してその有用性が検証されている評価尺度など）を活用することなどが考えられます。

保育指針にある基本的な観点プラス園の保育理念や特色として打ち出している内容を観点に取り入れてよいことになっています。さらに各団体が設定している第三者評価の項目や研究者が開発した尺度の使用も認められています。この説明の問題点としては，「何でもアリ」という印象をもたれてしまうこと，典型例を挙げてしまうことでそれぞれ保育・教育理念が異なる園の独自性が失われてしまうこと，また0歳から6歳まで通じて各園の保育活動の基準となる全体的な計画との齟齬が生じる可能性が高いことが挙げられます。

評価項目の設定において，体系化の原則を優先するならば，全体的な計画の最終到達目標，つまり「この園の保育・教育を受けると『卒園時の姿』としてこうなる」という目標との整合性を図ることが重要です。『卒園時の姿』としてどのような能力・スキルを獲得させるのかは，園の保育・教育理念に表れているはずですし，そこから逆算して各学年の年度末の姿が設定されているはずです[1)]。

1）園の保育・教育理念から全体的な計画を立案する方法については，拙著（山本，2016）に詳細がありますのでここでは省略します。

せっかく学年ごとの目標やねらいが定まっているなら，その達成のために必要な要素を書き出し，評価の観点とすればよいのです。

例えば，園の保育・教育理念が「自分で考え，自分で行う」といった自立的態度の形成にあるならば，子ども一人ひとりのアイディアを尊重する，基本的生活習慣の獲得に向けて保育者の介入を最小限にするといった，Ⅰで言うところの園での活動実践に関わる観点だけではなく，保護者に理念と『卒園時の姿』の理解を求めるための保護者会の運営や園だよりの配布，連絡帳だけではない家庭との連携方法を再考する会議をもつ，親の過干渉の弊害をテーマに地域の専門家と連携する機会をつくるなど，目標達成のためにはⅡ，Ⅲの内容も評価観点として盛り込めます。

忘れてはならないことは，P（Plan 計画）や A（Action 改善）とリンクしない C（Check 評価）はありえないということです。指導計画の策定のための会議と，自己評価のための会議，そして改善策を企画する会議は，1 つの保育目標に沿って展開されます。1 つひとつバラバラな教育価値を設定するのではなく，園の保育・教育理念が核となります。この PDCA サイクルを回すなかで，時代の変化とともに育てるべき能力やスキルの変更は，十分想定されることです。この本でも次章から 2020 教育改革の説明をしていきますが，就学準備として要請される内容はこれまでと明らかに異なります。核を見直すことで，計画や評価がしやすくなることも期待できます。

1-2 現状・課題の把握と共有

自己評価ガイドラインでは自己評価の方法として，チェックリスト形式と文書化・対話の 2 つの方法が推奨されていることは第 2 章でも述べました。実際には次のような記述があります。

〈チェックリスト形式〉

あらかじめ設定した評価項目をチェックリスト等にまとめ，それぞれの項目について，例えば現状を段階や数値で示し，客観的な視点から捉えたり分析したりすることを重視する方法

〈文章化・対話〉

保育を振り返って，子どもの姿や保育士等の関わりやその意図，配慮などを，文章にまとめたり職員同士で話し合ったりすることを通して考察し，子どもや保育の実践に関する理解を深めることを重視する方法

これら2つのタイプの方法は，それぞれに特徴や留意点があります。これらを理解した上で，それぞれの良い面をうまく生かせるよう，両者の方法を組み合わせて実施することで，保育内容等の評価としての有効性がより高まることが考えられます。

「保育所（組織）による自己評価」の場合は，評価観点の共有のために基本となる評価の観点を具体的な行動に落とし，「どれくらい達成できたか」の程度を測定できるようなチェックリストを作成し，全体の達成度を数値化する作業が必要だと思います。3歳未満時と以上児の学年間で比較する，あるいはこのチェックリストは数年使用し毎年の達成度の変化を追っていくと改善の方向性が見えてくると思います。

そのうえでより具体性をもって園の現状・課題を捉えるために，文章による記録の分析も取り入れるとよいでしょう。例えば評価観点と直接つながる記録を各学年で選択し，代表者が持ち寄って発達的な特徴を抽出する作業ができると，全体的な計画の具体化と修正に役立ち，また発達の過程を具体的につなげてみることで，保育者一人ひとりの子ども理解が深化することにもなります。

1-3 共有のための工夫

筆者は静岡県保育所連合会の大会で，毎年「資質向上」の分科会で助言者を担当してきました。そこでは研修のために，各園が知恵を絞って時間を確保し，全員がそろう会議等がもてないなかで，研修や自己評価を実施していることが報告されます。施設保育の長時間化が進み，園では保育を止めるわけにはいかないなか，常に子どもがいる状態で，全職員で足並みをそろえてなんとか次のステップを目指して研修や会議に取り組まれている様子を見ると，新制度に移行するときに提示された「研修時間の確保のための要員確保に助成する」といった仕組みがいかに机上の理論だったのかがわかります。通常のクラス運営のために非正規職員を集めることすら難しく，また保育者がいなくてクラスが

開設できない事態になっているなかで，評価を通して保育の質的な改善が求められているのが現状です。

こうしたなかで少しでも効率的に評価活動を進めるために，管理職が配慮する事項は次の点にあると考えています。

ア．時間をかけて議論する会議と，かけないで進める会議を区別する。

評価も含め，管理業務に関わることは全員に徹底することが必要です。全員集める会議がもちにくいゆえに，どのプロセスにおいても短時間での決定，伝達を図ろうとしがちです。民間園の場合よくあるのが，園長が副園長や主任だけと評価の観点・項目を決めてしまい，トップダウンで評価活動を開始してしまうやり方です。この方法だと一見時間管理上効率良く見えますが，評価を実施した後で，問題点とずれていた，何が問題なのか把握できなかった，特定の不可欠な視点をおとしていたなど，評価項目の決定自体が失敗だったということもあります。もともとこの方法では，評価の観点・項目の決定に関わっていない多くの職員が業務負担感＝やらされ感を感じていますし，そのうえで「間違っていたから，もう一回やりなおし」と言われたときの不満感は，その後の業務遂行上無視できないものがあります。

こういった出口が見えない活動にならないためには，プロジェクト志向で進めることが大事です。Figure3-2 は，いくつかの会議が階層構造を成すように設計した例です。

・第１の会議　代表者会議

これは園長と副園長・主任といった管理職に，乳児，３歳未満児，年少，年中，年長ぐらいで分けた学年グループの代表者を集めた会議となります。この会議が最終決定に責任をもちます。

・第２の会議　学年グループ会議

図の例では代表者と補佐役を中心に，学年別のグループ会議が４グループあるケースとなっています。午睡の時間等を利用して，代表者を中心に，代表者会議で話し合われた内容，意見をまとめるよう課題とされた内容を配属されて

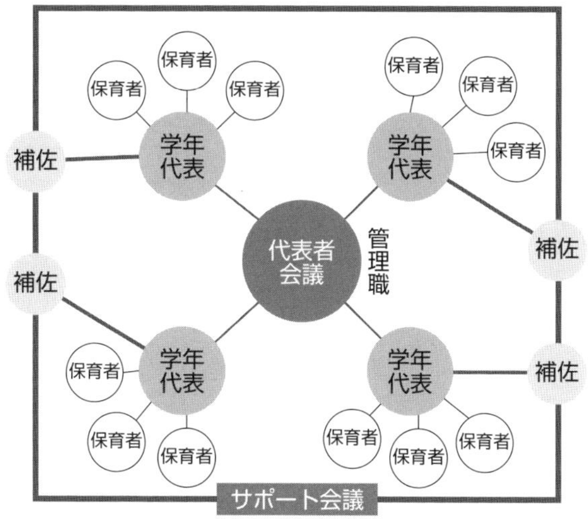

Figure3-2　**階層プロジェクト会議システム設計例**

いる職員全員（できれば非正規職員も含めて）に伝達，意見を集約する会議です。代表者は全員に代表者会議の内容の伝達と意見を求めます。集めた意見は必ず代表者会議に提出します。

・第 3 の会議　代表者－補佐役間打ち合わせ

この連携がうまくいくと，プロジェクトはうまくいくので，ある意味鍵となるインフォーマルな話し合いです。これは第 2 の会議の前後を目安に機会を設けることを目指してください。代表者は代表者会議で検討事項となったことをまず補佐役に伝え，自分たちのグループではどういう伝え方をするべきか，全員からの意見を汲み上げるためにはどのような工夫が必要か，そして理想論ではなく現状と合致している集約意見とするには何が必要かを打ち合わせます。検討事項によっては，途中から必要な職員を入れて 3 人で打ち合わせるといった変形もありえます。

・第 4 の会議　サポート会議

各グループの補佐役が集まって，サポート会議を行います。この会議で各学年グループ会議の進行状況や，意見の集約や伝達の徹底がうまくいかないなど問題点を率直に報告し合い，うまくいくためのアイディアを相互に教えます。自分のグループではなく他の学年の問題であれば，客観的に事態の把握や解決方法の提案がしやすいこともあり，多面的な見方が得やすいのです。代表者会議では各グループの具体的な状況に沿って考える時間は確保できません。また補佐役は，代表者＝リーダーの視点とは異なるフォロワー＝代表者・補佐役以外のグループ構成員の視点を汲み上げやすい立場にあり，自分もグループ会議の運営に寄与しているといったやりがいも生じます。代表者がグループ内で孤立してしまい，結果フォロワーの「やらされ感」が生じてしまうことを避けるためにも，リーダーとフォロワーをつなぐ役目となり，かつ他のグループとも連携を図るという，この第4の会議で果たすこの補佐役の役割はとても大きいと思います。

この4つの会議のなかで時間をかける必要があるのは，第1と第4の会議です。第3は1回当たりの時間数は短くて構いませんが，回数を多くとることが必要です。そして，最も効率良く進める必要があるのが，第2の会議です。学年グループ会議の場合は，1回目に課題の伝達のみ実施し，次回までに回答や意見を考えてもらう，あるいは簡単なアンケートにして書類やグループLINE等で集めるといった効率化を図ります。そして，代表者は集約した意見を代表者会議で発表した際，会議での反応がどうであったのかを必ずグループ内にフィードバックしてください。このグループへの意見の戻し方が重要です。なぜなら，こうした管理業務に関わる項目の設定は，「エラい人だけが関わる仕事」ではない自分たちの業務の一環なのだという意識が共有できるからです。特に女性が多い職場で，管理職になることを忌避したがる傾向は，代表することの責任感以上に孤立感にあると考えられます。孤立感を感じないシステムをつくることが重要です。

イ．話し合いの場にいない，あるいは発言しにくい職員への「配慮」を優先する。

第2の会議であるグループ会議は，いくら短時間とはいえ保育活動と並行して実施されるため，欠席者がいることは想定しておかなければいけません。欠席者の対策として，次の３点を試みてください。

①議事録を残す

担当を交代にしてもよいですし補佐役の役割としても構いませんが，代表者会議からの伝達事項と検討課題を中心に，必ず議事録を残すようにしましょう。開催日時，場所，参加者も明記してください。そして，必ずグループ全員が見られる場所に，ファイリングをしてください。そして重要なことは，次回会議の日程とそれまでに各メンバーがやっておくことを目立つように記しておくことです。欠席者はやっておくことを確認したら，サインを入れるようにしましょう。欠席者に確かに会議の内容が伝わったこと，欠席者が次回までにやらなければならないことを認識したことが確認できるような工夫が必要です。

②グループ会議の参加予定を事前に決めておく

常に非正規の人に保育番を任せるのではなく，代表者と補佐役，さらに検討課題のキーパーソンを除いたフォロワー全員が交代で均等に会議に参加できるように，前もって「第○回グループ会議参加者」のスケジューリングをしておきましょう。これは，第３の打ち合わせの機会をうまく使って計画し，全員に伝達しましょう。書面でしっかりと伝達することが必要です。

③意見が出せないフォロワーから個別に意見を聴く機会を設定する

新卒や非正規職員，特にパートタイム契約の職員からは，意見が聞き出せないことも多々あります。その場合は，補佐役が機会を見て，個別に聞くようにしてみましょう。大事なことは，「分からない」から意見が出ないのか，「意見を出す役割にない」と自分で思ってしまっているから意見を出さないのかを明確に聞き出すことです。例えば，この自己評価の観点・項目の設定のための会議システムに限定すると，前者には自己評価ガイドラインを読み込ませる，後者にはサポート会議メンバーが中心となって，他のグループの同様の立場の職員と引き合わせる場を設ける（新人，パートタイム職員だけ集めて会議への参加状況を互いに発表するなど）ことが効果的かもしれません。

ウ．決定事項の視覚化を図る。

第２，３，４会議と第１会議間で，何回か意見の吸い上げとフィードバックを繰り返したあと，最終的に第１会議で評価の観点・項目は決定されます。決定された後は，職員室等職員全員が必ず目にする場所に，最終決定事項を掲示してください。その際，重要なのはその決定事項の適用期間も明確にしておくことです。次年度4/1から3/31までの適用なのか，あるいは３年後まで適用するのか，次のガイドライン改訂まで適用するのかといった適用期間については，プロジェクトの進行過程とともに前もって明確にしておく必要があります。次節で述べる第三者評価受審のタイミングにも影響することなので，園の経営長期計画と照合しつつ考えておく必要があるでしょう。

1-4 改善・充実に向けた検討

評価の観点・項目が定まり，全員の評価が集まり分析ができたら，C（Check 評価）の過程で最後となる改善・充実に向けた検討に入ります。これは簡単に言うと，次のA（Action 改善）のための計画を立てることです。現状から捉えた子どもの実態や就学後の学びをもとに，まず取組の方向性として，どのような子どもの姿を目指していきたいかということを明確化します。方向性に沿って，わかりやすく共有しやすい目標を言語化し，目標達成のための手順を考えます。

この過程で重要なことは，次の２点です。

ア．プライオリティを判断する

おそらく改善点は細かく見ていくと，たくさん出てくるでしょう。あれもこれも一斉に改善しようとすると無理が生じます。また，行政の施策に変更があれば，その都度対応していかなければなりません。改善のための時間も限られているということです。この問題を回避するためには，プライオリティ（優先順位）を判断し，割り振ることが重要になります。改善すると影響が及ぶ範囲が大きいところから手を着けると，やり直しが少なくてすみます。なるべく全クラス全職員が対象となる改善から着手することが大事です。

イ．アカウンタビリティ（説明責任）を果たすこと

改善の影響は子どもにも及ぶので，保護者や地域に対してＣのプロセスを通してわかった問題点と改善の手順について，説明責任を果たします。PTAの年次総会や報告書の公開等どのような手段でも構いませんが，「何が変わるのか」を保護者や地域に明示することは園の重要な役割です。

以上が園内職員の協働によって行われる評価になります。繰り返しになりますが，時間管理と会議システムの構築が，評価活動を「無駄で余計な仕事」ではなく有意義で対時間効果が大きいものにしてくれます。管理職は特に，時間管理と会議システムの構築に熱心になり，意見の創出や集約は代表者と補佐役に任せて余計な口出しをしないことが，職員の自律性と専門職としてのアイデンティティを育てるうえで重要となります。

2. 園内職員以外からの評価

次に，園の外部からの評価についてです。園に対する評価については，近年第三者評価を受審し結果を公表するという形での実施が勧められています。Figure2-1の自己評価の三番目の項目「施設・環境の評価」と，最外部の「外部評価」は，評価主体が変わるだけでどちらも園に対する評価です。「施設・環境の評価」は自己評価であっても，法令に基づく行政による監査など「外部評価」項目を用いて園内で評価を実施しますので，園の独自性は反映されにくく適か不適かといった評価になります。

この園に対する評価は，現時点で幼稚園と保育所でいくつか異なる点があることを承知していてください。まず幼稚園は平成19年に「幼稚園における学校評価ガイドライン」を文科省が作成，平成23年に改訂（文部科学省，2011）されました。幼稚園では，先ほど述べた園が実施し公表する自己評価に加えて，学校関係者評価と第三者評価があり，前者は保護者や地域住民などによる委員会が観察，意見交換を通して園が実施した自己評価を評価するものです。後者は園と自治体等設置者が実施者となり，学校運営に関する外部の専門家を中心とした評価者により教育活動その他の学校運営全般について評価を行います。

第三者評価を請け負う協会等により評価の観点や項目に若干違いがありますが，評価にあたる専門家も評価者としての研修を受ける必要があります。私立幼稚園は第三者評価結果が公表されることによる経営への影響が大きくなるため，独自に詳細な学校評価ハンドブックを作成しています（全日本私立幼稚園幼児教育研究機構，2013）。

この幼稚園の外部評価の仕組みは，新制度以降変更が今のところなく，保育所，保育所型および連携型こども園を管轄する厚生労働省が近年積極的に評価活動の基盤的整備を行っています。この本で中心として取り上げている自己評価ガイドラインは平成21（2009）年に最初に作成され，令和2（2020）年3月に改訂されたものであり，就学前の教育評価としていちばん新しい動向を含んでいます。保育所の第三者評価は，高齢者や障害者・児童福祉サービス施設と同じく福祉施設としての共通評価基準と，保育所の事業内容に即した内容評価基準の二部構成の評価項目に基づいて第三者評価が実施されます。おそらく多くの園が受審している全国社会福祉協議会の第三者評価は，平成16（2004）年以降何度か改正を経て現在共通基準（福祉サービスの基本方針と組織，組織の運営管理，適切な福祉サービスの実施），内容基準（保育内容，子育て支援，保育の質の向上）の各項目によって実施されています。

どちらにしても，第三者評価の受審は園全体で取り組まなければならない新たな業務となりつつあり，実地調査のインタビューでは新卒保育者が対象となることもあるので，職歴や職位にかかわらず，全職員が日頃から自己評価活動に積極的に関与し評価の観点・項目や園の業務について熟知しておく必要があります。

2-1 保護者等関係者による評価

Figure3-1のように自己評価のなかでも「多様な視点を取り入れ，活用する取り組み」が求められており，保護者等関係者の評価への関与がその代表的なものとしてあります。第三者評価でも利用者による評価の公表は項目としてあるので，就学前施設の場合保護者の評価は必須となります。

ホームページで公開されている保護者対象の評価については，クレーム処理の集計として行っているものや，アンケートを集計して結果を掲載しているものがあります。筆者は高校の学校評議会に委員として参加した経験から，体系化されていない設問のアンケートで項目ごとに％表示で示してある報告書は，対時間効果が低く，得られる情報の有益さに疑問が残るので，推奨していません。むしろガイドブックにあるように，研究者がその信頼性や妥当性を統計的に保証している尺度を使用し，分析する方法は今後ますますニーズが大きくなると思われます。特に4年制大学での保育者養成が増えてきた現状では，統計学を学び評価活動に汎用することが不可能ではない時代となりました。地域連携事業や大学でのリカレント教育の機会を積極的に活用して，上述のプライオリティの決定などに調査法の知識と科学的手法を取り入れると，ますます業務は効率化できます。評価活動は分析が鍵を握っています。今回のガイドライン改訂では集めた評価の分析については触れていませんが，エビデンス作成の技術として，客観的な分析について積極的に学び活用していくことが，保育や教育業界の今後の課題となるでしょう。

2-2 外部評価

外部評価に関しては，第三者評価と自治体の監査が代表的なものですが，前者は保育の質の改善に，後者は保育の量の保証につながります。連携型こども園への移行によって，上述したような学校としての幼稚園と福祉施設としての保育所間のダブル・スタンダードに悩む園の管理職も多いと思います。人材の不足が子どもの数の減少より深刻な問題となりつつある現状，業務のスリム化は最も考えなければいけないことであるのに，教育要領や指針の改定のたびに，業務が広範囲に拡大しているのが就学前施設の現状です。

この問題の解決には，外部評価団体間での評価項目の一元化，行政が介入して地域の保幼小接続を図り教育の連続性を保障する取り組みなど，園の外部が動かないと手間だけかかって園の管理運営が改善されない結果を招きます。園としてできることは，外部評価団体の選定を価格の面だけでなく，評価の観点・項目や評価システムから比較し，自分の園の改善につながるよう実施することです。実際，外部評価が大変な準備を要するのは，先の階層プロジェクト会議のような自己評価に関するシステムが日常機能していないことによります。プロジェクトが回っていて，定期的に改善が行われたエビデンスが残っていれば，それを集めることで外部評価の準備となるからです。

自分たちの園の自己評価活動の特徴は何か，保育・教育の到達点から逆算しながら計画が立てられているか，〈意識化・体系化・明確化・共有〉の原則は守られているかといった視点で自己評価のためのシステムを機能させることは，外部評価への対策としても園が実施できる有効な手段となります。

第 4 章
2020 教育改革と就学前教育で育む能力・資質

2020 年は，世界中が Covid-19 により今まで経験したことがない生活上の制限や「内向き」にならざるをえない状況下に陥りました。このような予測不能な事態に突入することは，AI（人工知能）技術の発展，環境問題や経済状況の危機的予測がなされたことなどを受けて，以前から教育しなければならない「人として必要な能力」の変化を考えていた教育界からすると，ある意味根本的な変化への「追い風」となったかもしれません。

保育指針の改定や教育要領の改訂以降，保育者は「非認知能力」や「社会情動的スキル」といった教育内容を表す新しい用語に振り回されています。構成概念の定義や〈用語〉が指し示す能力について，何とか理解しようと研修を積み重ねているのが現状ではないでしょうか。本章では，〈用語〉の意味に焦点化するのではなく，小中高も含めた教育全般の変化のなかで就学前教育の変化を位置づけることを試みます。これによって，なぜ就学前教育が計画性をもって行われなければならないのか，そして適切で客観的なエビデンスを伴う自己評価が必要なのかを説明します。

1. 何を目指して教育するのか：OECD のフレームワーク

21 世紀に入って，OECD（経済協力開発機構）が教育に関する様々な調査結果の公表や提言を行うなかで，教育の価値を「個人のウェルビーイング」と「社会進歩」の達成においています。子どもが生活する環境，具体的には学校，家庭，地域社会において，認知的そして社会情動的（非認知的）なスキルを適切に身につけることができれば，次のような指標が向上することで「個人のウェルビーイング」と「社会進歩」の達成が可能となる，という図式です（OECD, 2015／邦訳，2018）。

・教育とスキル
・労働市場
・健康状態
・市民参加
・個人の安全
・家族や社会とのつながり
・主観的ウェルビーイング（生活満足度など）
・環境
・物的状況

保育者はもちろん，教育に携わる職業の人は，子どもの「先を見通す」ことが重要なのですが，どうしても保育者であればせいぜい就学時まで，小学校教員であれば中学校での生活への適応まで，と次の段階までギリギリ視野に入れて教育内容を準備しているのが現状でしょう。しかし，この OECD の指標を見ると，教育は学校教育だけで完結することなく，労働や生活全般に位置づけられています。

第１章で述べたヘックマン（Heckman, 2015）など個人の社会的成功に幼児期の非認知能力の涵養が大きく寄与していると主張する研究結果が数多く報告されるなか，OECD は幼児教育・保育に関して次の 17 の政策提言を行いました（国立教育政策研究所，2020）。

⑴ 子どもの学び，育ち，ウェルビーイングを育てる実践を促す

政策提言１：保育所の養成課程及び現職研修のプログラムが，優れた実践（グッドプラクティス）の共通理解につながるようにする。

政策提言２：全ての保育者養成課程において，グループ／クラスにおける保育について実習で学べるようにする。

政策提言３：保育者の養成課程及び現職研修のプログラムが，保護者との連携に関する優れた方法の共通理解につながるようにする。

政策提言 4：保育者の養成課程及び現職研修のプログラムに，（幼小接続など）教育段階の移行に向けた準備に関する内容を入れる。

政策提言 5：小グループによって保育者と子どものやりとり（interactions）を育む方法について研究するとともに，大規模の子どものグループ／クラスには，よく研修を積んだ保育者を充てるようにする。

⑵ 質の高い保育者を獲得し維持する

政策提言 6：質の高い保育者を獲得し，維持するため，給与を見直す。

政策提言 7：保育者と対話しながら，仕事に対するストレスの要因を特定し，ストレスを軽減する戦略を開発する。

政策提言 8：現職研修への参加の時間を与えるために人員を確保するとともに，柔軟な形の研修を推進する。

政策提言 9：現職研修への参加のための金銭的な費用が研修参加の妨げにならないようにする。

政策提言 10：質の高い現職研修へのニーズを特定するため，保育者と園長・所長の間の対話を確保する。

⑶ 全ての子どもに力強いスタート（a strong start）を与える

政策提言 11：公営の園と民営の園を通じて質を保証し，全ての家庭が公営の園と民営の園の双方にアクセスできるよう支援する。

政策提言 12：異なる文化的背景を持つ子どもや特別な支援を要する子どもに対する実践を保育者の養成課程や現職研修に取り入れる。

政策提言 13：社会経済的に困難な子どもの割合が多い園に対して，高いレベルの研修を積んだ保育者を配置する。

⑷ ガバナンスと保育の提供の複雑さを考慮しつつ，効果的な支出を行う。

政策提言 14：支出の優先順位に関する明確な原則を定め，現場のニーズを注意深く考慮しながら，保育者とともに支出の優先順位を決める。

政策提言 15：質の基準とモニタリングは，プロセスの質を考慮する明確な規制の枠組みを指針とする。

政策提言 16：園長・所長が保育者を確保する難しさに対処する方策を検討する。

政策提言 17：政策や規制が，園長・所長に対して，リーダーシップの発揮を妨げるような過度の負担を負わせないようにする。

この政策提言を一覧するとわかりますが，OECD の提言は単なる保育内容や子どものウェルビーイングを念頭に置いているのではなく，保育者のウェルビーイングを可能にする視点，つまりキャリア発達を支える時間的・縦断的視

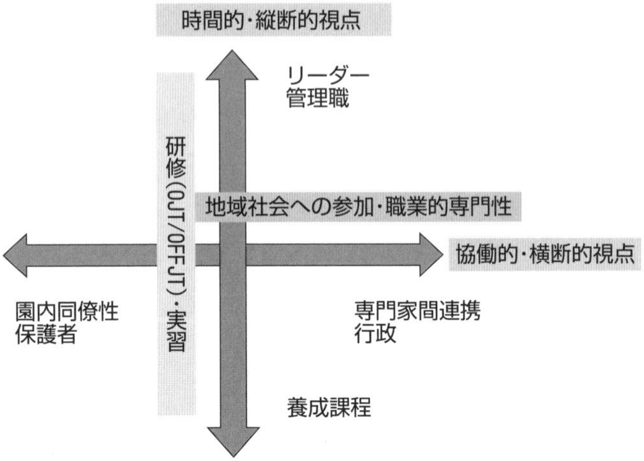

Figure4-1　OECD の幼児教育・保育への政策提言範囲

点と，保護者や行政，経済・社会との協働的・横断的視点から包括的になされていることがわかります（Figure4-1)。特に，自己評価ガイドラインがなぜ重要なのかについては，政策提言 15 の実現に不可欠であることが理解できるかと思います。

こうした広範囲を視野に入れた提言に沿って，保育者の社会的役割や重要性も変化していくことになります。保育の無償化の背景にある教育的価値も同様なのですが，生活水準や将来の希望における格差の是正，具体的には貧困の再生産を食い止めることや教育機会の平等を目指すことが教育に求められ，なかでも就学前の時期に質の高い教育を提供することが格差の再生産是正に有効な手段であることが，数々の縦断研究からわかっているのです。

上記 17 の提言のうち，いくつかは第 2 部のマネジメントに関わる内容となっています。また後ほど触れることになりますが，ここでは(1)の 5 つの提言と政策提言 15 の重要性を理解してください。

2.　教育の何が変わったのか：2020 以降に求められる能力・資質

令和 2（2020）年度から小学校の学習指導要領が改訂され全面実施となったことに伴い，「入試の出題傾向が変わる」「問われるスキルとは」といった報道を耳にしたかもしれません。この変化は小中高といった学校教育のみに該当するわけではありません。すでに，保育の世界では，平成 30（2018）年度の指針改定，要領改訂時から求められる能力・資質の基礎を築くことが就学前の教育の目標と明確に位置づけられています。

この学習指導要領の改訂は，「新しい時代にふさわしい学習指導要領の基本的な考え方や，教科・科目等の在り方，学習・指導方法及び評価方法の在り方等」を抜本的に見直すことから始められました。いわゆる「ゆとり教育」を撤回し，方向性が逆戻りしたあるいは見失ってしまった感がある日本の教育の立て直しとなる改訂です。小学校以降の学校教育で培うことを求められる能力・資質が変わるのだから，当然就学準備の内容も，そこから逆算して各年齢やクラスで育む内容も変わるはずです。それが「学びに向かう力」という言葉で表現されている非認知能力・社会情動的スキルなのです。

これからの教育課程の理念は，〈社会に開かれた教育課程〉として次のように示されています（文科省，2017）。

①社会や世界の状況を幅広く視野に入れ，よりよい学校教育を通じてよりよい社会を創るという目標を持ち，教育課程を介してその目標を社会と共有していくこと。
②これからの社会を創り出していく子供たちが，社会や世界に向き合い関わり合い，自分の人生を切り拓いていくために求められる資質・能力とは何かを，教育課程において明確化し育んでいくこと。
③教育課程の実施に当たって，地域の人的・物的資源を活用したり，放課後や土曜日等を活用した社会教育との連携を図ったりし，学校教育を学校内に閉じずに，その目指すところを社会と共有・連携しながら実現させること。

この教育課程の在り方の特徴は，学校教育が学校内だけで構築されるものではなく，社会と「より良い」価値を共有することで教育する内容を決め，教育する方法を決め，学ぶことで何が得られるのかを明確にして，社会との連携・協働により実現する教育となることです。わかりやすく言うと，これまでの教育は，学校文化のなかでの「良い子」が社会にとっての「必要で優秀な人材」とは結びつかないという結果をもたらしていました。しかし，今後はこれからの社会で必要とされることを教え，社会の評価基準に教育評価を近づけ，そして学びの過程で地域社会の資源を活用することで，学校文化のなかでの「良い子」と社会にとっての「必要で優秀な人材」とが一致するように改訂する，ということです。これまで筆者は，学校文化が教育評価を通して子どもの創造性を阻害することを示し，改善のためには教育評価の基準を実社会での創造性評価と一致させるよう提言してきました（夏堀，2005a）。いわゆる「本物の学習（authentic learning；Renzulli, 1977／邦訳，2001）の実践です。最近，ブラック校則が話題になっていますが，校則を守ることが社会における優秀さや良さと一致しているのかという視点で検討してみることが重要です。工藤（2018）による公立中学校の改革例は，新しい教育課程の在り方のように捉えられています。千代田区立麹町中学校では学生が自律的にルールを決め，自分たちで守ります。本来校則は社会に適応する能力・資質を獲得するための手段であるのに，社会に適応することとは無関係に不必要な校則を守らせること自体が目的となっている，つまり学校教育における「手段の目的化」が問題なのだと主張されています。この傾向は，昨今の保育者の研修にも同じ問題点を感じます。自分は保育者だから，学校教育以降のことは知らなくていいわけではありません。園での教育は，小学校の準備教育ではないという主張も同じです。小学校以上の学校教育で何が学ばれるのかを見通して，就学前教育を実践することが重要です。では，学校教育が目指す能力・資質とは何かを説明します。なぜ九九や読み書きといった「記憶させる学び」ではいけないのかが理解できると思います。

次の Figure4-2 が学習指導要領改訂の集約です。

Figure4-2 の中で，「何ができるようになるか」が明確に示されています。「新しい時代に必要となる資質・能力の育成と，学習評価の充実」これが教育の意義と目標となります。九九に代表されますが，単純計算や，正解が１つで調べればわかること，つまり記憶することが目標とされる学びについては，人

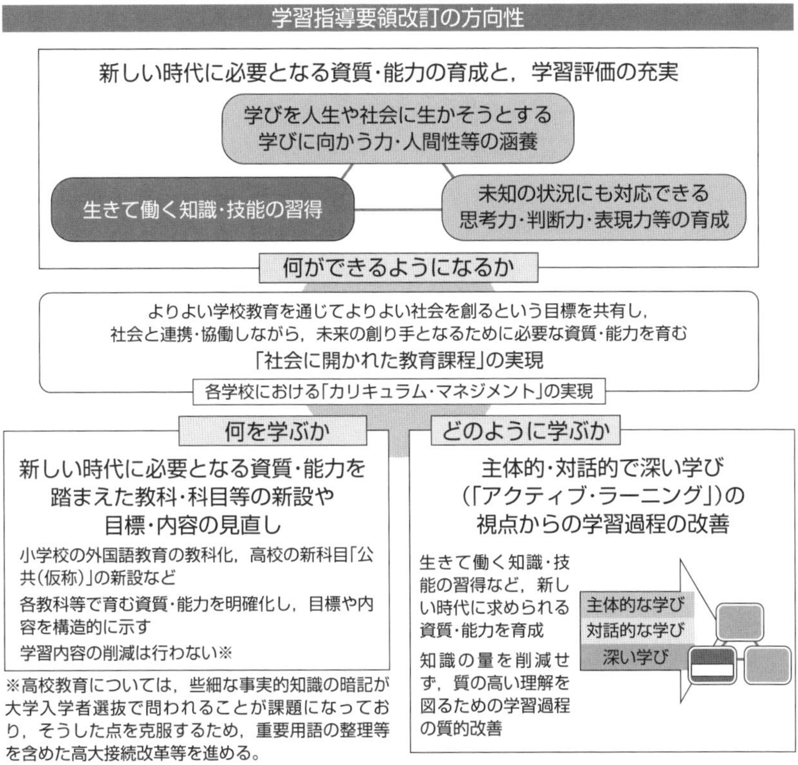

Figure4-2　**学習指導要領改訂の方向性**（文部科学省，2017，p.12）

間はAIに勝てませんし，AIに任せたほうが効率く仕事ができます。そうではなくて，現実世界にある解決されていない問題を発見し，社会が求める水準や範囲を推測しながら複数の知識を組み合わせたり分類したりして，知識を活用する力は人間でなければもてない能力ですし，今後も必要となる能力です。さらに「学習評価の充実」とわざわざ念を押していることに注意してください。先述したように，評価基準が手段を目標と取り違えた学校教育内だけで求められる基準ではなく，社会で求められる基準と一致した評価が行われなければならないのです。特に就学前教育が担わなければいけないのは，「学びに向かう力・人間性等の涵養」です。ここでは，「学びに向かう力」がキーワードとなります。

教育方法である「どのように学ぶか」も就学前教育と関係します。ここでは，アクティブ・ラーニングと呼ばれる主体的・対話的な学習方法が取られます。これまでアクティブ・ラーニングは大学生を対象に研究が進められてきました。行動範囲も広く，社会的スキルや認知的スキルもある程度成熟した状態である大学生でも，アクティブ・ラーニングによる学習活動では，学習集団内の役割や集団への帰属意識の違いが，個人の学習成果はもちろん集団としての学習成果にも影響を及ぼしていました（山本，2015）。主体的・対話的なグループ学習であり，先の知識の活用が目的となる「生きて働く知識・技能の習得」がアクティブ・ラーニングによる学習です。では，就学前教育で育まなければならないこの学習方法が成立するための基礎とは何でしょうか。

3.　非認知能力と教育評価

その答えとなるのが，非認知能力≒社会情動的スキルです。社会情動的スキルとは，これまで学習活動の成果として求めていた認知的スキルとは異なります。この2つをOECD（2018）に従って，整理してみます。

認知的スキル
・知識，思考，経験を獲得する心的能力。
・獲得した知識をもとに解釈し，考え，外挿（未知のものを推測）する能力。
　下位分類
　　・基礎的認知能力（パターン認識，処理速度，記憶）
　　・獲得された知識（呼び出す，抽出する，解釈する）
　　・外挿された知識（考える，推論する，概念化する）

社会情動的スキル
(a) 一貫した思考・感情・行動のパターンに発現し，
(b) フォーマルまたはインフォーマルな学習体験によって発達させることができ，
(c) 個人の一生を通じて社会経済的成果に重要な影響を与えるような個人の能力
　下位分類（→以降は，心理学の構成概念による言い直し）
　　・目標の達成（忍耐力，自己抑制，目標への情熱）→グリッド[1)]

1）最後までやり遂げる力（ダックワース，2016）。

・他者との協働（社交性，敬意，思いやり）→社会性，特に役割取得[2]
・感情のコントロール（自尊心，楽観性，自信）→メタ認知[3]

ここで誤解を避けるために２つ注意点があります。第一に，将来の社会経済的成果に重要なのは認知的スキルと社会情動的スキルの両方だということです。覚える学習が必要ないのではなくて，それだけでは学習ではないということです。第二に，創造性や批判的思考力といった今後より重要度が増すスキルも，認知的スキルと社会情動的スキルの両方がプロセスに組み込まれているということです。大人が何も枠（条件）を与えないで子どもに「さぁ，自由に考えてごらん」と言ったところで創造性は発揮できないし育ちません。それゆえ，どちらのスキルも意識的に育てることが重要になります。

このような細かい教育のターゲットとなる認知的スキルと社会情動的スキルを〈覚える〉ことで，就学前教育が創造できるわけではありません。むしろ，今目の前にいる子どもたちに「就学後に必要となる能力・資質」は何かを中心に，こうしたスキルを捉えるべきです。筆者は，「就学前に何を育てればいいのですか」と現場の先生たちから問われると，「自発性と社会性」と簡単に答えるようにしています。主体性と自発性は何が違うのかを説明しだすと，授業１コマ分ぐらい保育と関係ない現代思想の話をしなければならないのですが，とにかく（契機は他者，特に大人から与えられたものであるにせよ）子ども自らが「知りたい」という欲望をもって，学習活動を実際に行うことは重要です。アクティブ・ラーニングは，問題を自ら発見し「問いを立ち上げる力」が必要だからです。社会性は対人認知能力が乳児の段階から芽生え，４歳前後で質的に大きく変わることから，就学前の働きかけが重要であり，また他者との協働が成立するために不可欠な能力です。したがって，「自発性と社会性」を育むことが就学前教育の根本だと考えています。育む方法については後述します。

「自発性と社会性」に加えて，もう１つ重要なのはメタ認知能力です。この

2）自他の観点の違いを意識し，他者の感情や思考などの内的特性を推論し，そこから自分の役割行動を決定する認知能力（Selman, 1975）。

3）自分のもっている知識やスキル，認識をモニタリングし，文脈や環境，目標に合うように制御する能力（OECD 教育研究革新センター，2015）。

能力は5歳から現れると言われており，認知的スキルを基礎に社会情動的スキルである目標の達成や感情のコントロールを実現する能力です。こうした2つのスキルの橋渡し的な能力も含め，就学前教育の方法として，次のような問いかけを提唱しています。

▶時間　「いつまでに，どういう状況になりたいのか」
それから逆算して，「今，何をしたらいいのか」
▶共感　Aちゃんは，今どんな気持ちかな？
逆の立場だったら，どう思うかな？
▶推量　この状況で（相手は）どうして欲しいのかな？
反対側から見るとどう見えるのかな？
Aちゃんが見るとどう見えるのかな？
▶選択と評価　選んだ方で，何がよかったのかな？
それは最良の選択だったのかな？
次の機会には，どうしたらいいのかな？

特に，自発性の育て方については，「選択」が就学前の基本です。選択肢を用意して，子どもに「自分で」選ばせることから始めましょう。何もないところで，子どもに「好きにしていいよ」ということが自発性ではありません。他者の視点を獲得して，そのうえで自分がどう振る舞えばいいのかを文脈や状況から判断する機会を設けることが，就学後の学習の基礎づくりとなります。

第2部
保育マネジメントの視点

第5章
保育マネジメントの特徴：〈カリキュラム〉と〈時間〉のマネジメント

これまで保育現場独自のマネジメント手法に関しては，安全管理を除いて，民間園の園長が独自に開発し採用した手法が暗黙裡に存在しているだけでした。慢性的な保育者不足が顕在化することで，キャリア育成の研修領域の一部としてマネジメントがクローズアップされてきました。キャリア育成研修でのマネジメント領域の内容を見てみると，コーチングやメンター制など，企業のヒエラルキー構造のなかでの組織管理スキルがそのまま持ち込まれていて，専門資格を有する女性中心の職場でありながら，平均在職年数が圧倒的に短い現状にある保育現場でうまく機能する内容と言えるのか，疑問が残ります。例えば，キャリアップ研修でマネジメントを選択受講するには相当のキャリアと，「管理職として園に残るであろう」資質が求められているようで，誰かの後押しがないと受講にすら何か心理的障壁があるのが実態のようです。

本章ではまず「マネジメントは管理職だけが必要なスキル」という考えを取り除くことが目的です。先述したように，保育現場は女性が多い職場であるだけでなく，自分で意思決定が困難な小さな子どもを対象にした教育現場です。その独自性を踏まえたマネジメントを考えていくきっかけを探してみましょう。

1. マネジメントにまつわる誤解

企業を念頭においた経営管理の世界では，マネジメントの対象を「人，モノ，金」と捉え，それぞれの領域で管理手法が次々と開発され紹介されています。しかし，そもそもマネジメントとは何なのでしょうか。坪谷（2020）によれば，Manage は man（手）で age（為る）ことから，馬を手綱で操ることに語源があり，manage to do＝「なんとかして（どうにかして）～する」，つまり自分の手によって困難な状況をなんとかするもの，というのがマネジメントの語源だそうです。この「自分でなんとかする」という点に着目してみましょう。

これまで保育現場で最も意識されているマネジメントは安全管理（Whalley, 2011；山本，2018a）です。安全管理について，園で実施されている手法を考えてみてください。例えば，厚労省から施設基準の一部変更が通達されたとします（厚生労働省，2016）。まず管理職が通達の内容を把握し，これまでの仕事の流れを通達にある条件を満たすような変更点を考え，職員会議で職員全体あるいは該当する仕事の担当者に周知する，という流れが予想されます。しかしこのような基準が上から降りてきて，（ある意味盲目的に）規則基準のなかに仕事を押し込むことがマネジメントではありません。園の中でうまく機能していない部分を自分たちで発見する作業が含まれていないからです。これがPDCA サイクルのＣ（評価）の重要性とつながっているのです。「もしドラ」という流行語で多くの人が知るところとなった P.F. ドラッカーのマネジメントの定義は，「組織をして成果を上げさせるための，道具，機能，機関」を指します（坪谷，2020）。つまり，マネジメントは成果を生み出すことを目的として，能動的に仕事に関わる事柄を調整することにあるのです。

マネジメントが仕事上の調整であるならば，新卒のクラス担任であってもマネジメントする事柄はたくさんあるはずです。マネジメントは決して管理職だけの問題ではありません。おそらく，このマネジメントに関する誤解は人材マネジメント，そのなかでも特に「上司が部下に対して行う管理」手法のイメージが強すぎるからではないでしょうか。もう少し広く考えてみましょう。部活のマネージャーという言葉は，マネジメントする人ということです。部という組織が大概は「勝つ」という成果を出すための創意工夫を考え様々な配慮をする人がマネージャーです。クラスという組織が成果を生み出すために，担任は創意工夫をこらして活動計画を立て，実践し，評価によって改善していきます。保育者の日常そのものがマネジメントなのですが，そのことに対して自覚的とは言えません。なぜなら，成果を出すという点において，これまで就学前教育は一部の「お受験」に関わる領域以外，成果＝学習効果の追求を明確に打ち出してこなかったからです。

これまでアカウンタビリティ（説明責任）の問題は利用者である保護者中心に問われていたのですが，保育無償化によって範囲は広く納税者，社会一般に対する説明責任が生じることになりました。第 1 部で説明した評価と評価結果の公表は，園単位で必須のこととなりました。保育の成果とは何か，現状求められる子どもの能力・資質に関しては，第 4 章で説明しました。子どもたちの将来にわたって経済的・心理的・生活の自立を支えるこれらの能力・資質の育成が，保育の成果として問われる 1 つの指標ではあります。しかし，職場としての園の運営を考えた時，もう 1 つ重要な視点があります。それは，「職員のキャリア発達と就業継続」が可能であるということです。園は子どもの教育機関としての成果と保育者が働きやすい職場としての成果を求められます。この 2 つの成果を目指して，様々な調整が図られることを本書における保育マネジメントとして捉えていきたいと思います。

2.　保育マネジメントの 3 領域

先ほど企業を念頭においた経営管理では，一般的にマネジメントの対象が「人，モノ，金」だとしました。では，保育マネジメントが求められる成果の独自性を踏まえて，対象を領域に分けるとしたら，どのような表現が相応しいで

保育マネジメント／2 つの成果

しょうか。子どもの教育機関としての成果は「カリキュラム・マネジメント」という前章 Figure4-2 の中心に書かれている言葉で１つのマネジメント領域と考えてよいと思います。保育者が働きやすい職場という視点からは，通常の人材マネジメント，つまり「人」と，保育者が潜在化する最大の理由である業務負担感を生じさせる「時間」管理の２つのマネジメント領域を設定します。まとめると，〈カリキュラム〉〈人〉〈時間〉が保育マネジメントの３領域となります。

2-1 カリキュラム・マネジメント

第４章で取り上げた学習指導要領の改訂の１つの柱となっているのが，学校単位の「カリキュラム・マネジメント」です。文部科学省は，カリキュラム・マネジメントを教科横断的な学習を設定すると同時に，その目的を「学習の基盤となる資質・能力（言語能力，情報活用能力，問題発見・解決能力等）や現代的な諸課題に対応して求められる資質・能力の育成」という成果を最大限得るために，適切かつ必要に応じて教育内容，時間配分，人的・物的体制の確保，実施状況の評価に基づく改善を行うこと（文部科学省，2017）としています。また，カリキュラム・マネジメントの側面として，次の３点を挙げています。

1 各教科等の教育内容を相互の関係で捉え，学校の教育目標を踏まえた教科横断的な視点で，その目標の達成に必要な教育の内容を組織的に配列していく。
2 教育内容の質の向上に向けて，子供たちの姿や地域の現状等に関する調査や各種データ等に基づき，教育課程を編成し，実施し，評価して改善を図る一連のPDCA サイクルを確立する。
3 教育内容と，教育活動に必要な人的・物的資源等を，地域等の外部の資源も含めて活用しながら効果的に組み合わせる。

この３点を見て何か気づきましたでしょうか。これは，第１部で説明した保育における自己評価への焦点化も含めた要領・指針の改定・改訂内容と重なる内容です。1 は目標達成に必要な教育内容の配列であり，全体的な計画→各クラスの長期計画→短期計画という指導計画の流れを，2 は評価を明確に組み入れた PDCA サイクルを，そして 3 は地域に開かれた保育を表し，すべて新しい要領・指針で就学前施設に共通して示された内容と対応しています。しかも，これはナショナル・カリキュラムという国が定めた学習指導要領に書かれている学習内容を順番どおりにこなしていけば達成されるものではなく，「各学校の特色を生かし」，教員集団が「自分でなんとかして」調整することが求められているのです。

今回の指導要領の改訂において，カリキュラム・マネジメントで求められているのは，学校単位でのマネジメントであり，園での活動に置き換えると園全体もしくはクラス単位でのマネジメントとなるでしょう。2000年代に注目された才能教育（ギフティッド・エデュケーション）の領域では，第４章で触れた「本物の学習」を実施する手段として，生徒一人ひとり個別に設計されたカリキュラムを実行するためのカリキュラム・マネジメントが注目されました(夏堀，2005b)。そのマネジメント法に比べると，クラス単位でのマネジメントは次のポイントに焦点化することで，より簡便なマネジメントになるでしょう。

1. 園の教育理念と，全体的な計画の到達目標が合致しているか。
2. その子の得意なことや興味関心があることを，エビデンスをもって説明できるか（＝評価の機会が明確に設定されているか）。
3. 行事のクラスの演目が，長期計画におけるクラスの到達目標から導き出されているか。
4. 今学年の課題や到達目標の難易度が，前学年と次の学年の課題の間に設定されているか。
5. 各活動の到達目標が到達できた場合の次の課題だけでなく，到達できなかった場合の次の課題が設定されているか。

これらのことからわかるように，園内で実施する活動や行事で「何を育てたいのか」を，どの学年どのクラスであっても一貫性と整合性をもつようにコントロールすることが，カリキュラム・マネジメントであると考えてよいでしょう。

Figure5-1はカリキュラム・マネジメントのイメージです。まず園の教育理念がカリキュラムを考えるうえでの「枠組み＝フレーム」を提供します。ここでは全体の「重石」のようなイメージです。すべての指導計画の要素がバラバ

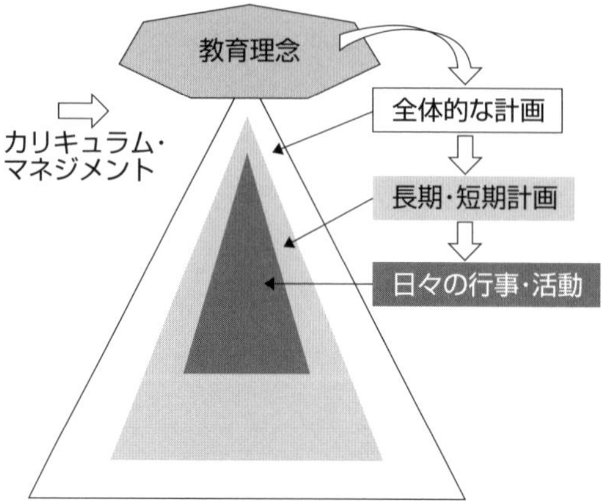

Figure5-1　**カリキュラム・マネジメントのイメージ**

ラにならないように，1つの方向性をもたせるための「フレーム」です。これがしっかりと職員間で共有されていれば，行事のたびに「何をしよう」と振り回されることがなくなるということを表しています。また同時に，指導計画が単なる「作文」にならず，活動実態と教育効果を伴ったものになります。

外部の人的資源の活用も，「地域に開かれた」園として考えなければなりません。第4章で説明した「本物（authentic)」とは，例えば「○○見学」や「○○体験」といった行事を実施することではありません。大事なのは，実社会の評価基準で子どものパフォーマンスを評価するということです。そのためには，指導者として何らかのスキルや方法を子どもに伝えるだけでは充分ではありません。むしろ「プロの目」で評価してもらえる経験が，子どもの自信や自己理解につながるのです。実社会の評価基準を園内の活動に取り入れる際には，安全管理上の伝達も含めて「何を教えてもらい，どのような基準で評価してもらいたいのか」を園から外部の専門家に明確に伝えることを心がけてください。近年，英語や体育など外部機関の講師に指導を依頼する園も増えています。しかし，「お任せします」ではなく，カリキュラム・マネジメントの観点から子どもに身につけさせたい能力・スキル，そして評価基準について，把握しているだけではなく，園の教育理念に合わせてオーダーを出すことが重要なのです。その点を考慮して，地域の専門家と保育者が教育の機会を通じて連携し，

「本物」を追求することで，地域の活性化や保育者自身の教育力向上にもつながると思います。

2-2 時間のマネジメント

保育のマネジメントは，〈カリキュラム〉〈人〉〈時間〉の３領域を対象として考えていくと説明しました。前節は第１部から内容としてつながっているカリキュラム・マネジメントを扱ったので，次は〈人〉なのですが，〈人〉のマネジメントについては次章でまとめて扱います。ここでは，「時間管理」について説明します。

井邑ら（2016）や岡崎（2012）の説明によれば，13 種類もある時間管理の定義の中から，「目標を達成するために時間を効果的に使用する行動」を採用し，個人の時間管理を測定するための尺度を開発しています。時間管理は仕事や学業上の成果はもちろん，職業満足感やストレスといった精神的健康に影響を与える要因となっています。そして作成した 19 項目３因子尺度の因子は，「時間の見積もり」「時間の活用」「その日暮らし」でした。「時間の見積もり」とは「時間を決めて課題に取り組むようにする」や「やろうとすることがどのくらい時間がかかるかを事前に見積もる」といった目標設定と優先順位（プライオリティ）に関する行動です。「時間の活用」は「空き時間を活用するようにしている」や「休みの日の予定を立てる」といった構造化，（長期・短期）計画，予定に関する行動です。最後の「その日暮らし」は，「次の日の予定が決まっていないことがよくある」や「きまぐれに一日を過ごすことがある」といった無秩序さと対応しているようです。

心理学やビジネス書で展開される時間管理は，基本的に個人の時間管理を行動や能力として捉えています。しかし，保育の世界で重要なのは，保育者個々の時間管理なのでしょうか。

2014 年から 2017 年の毎年度末に，S 市公立保育園・連携型こども園の退職者とその管理職にインタビュー調査を実施，両者をセットにして内容分析を実施しました（坂井・山本，2018)。対象となったのは，退職者 21 名，管理職 17 名（うち退職者の上司 14 名，園長が退職のため副園長が回答したケース３名）でした。この調査の詳細は次章でも紹介しますが，ここでは管理職のインタビュー内容を分析した結果について，一部分を紹介します。

管理職の語りの中で「資質」という言葉が使用された箇所を拾い上げ，その「資質」が「保育者としての資質」を指しているのか，「退職につながる資質(欠如)」を指しているのか，またその回答が複数から挙げられている内容に絞って，その度数をグラフにしたのがFigure5-2です。「書類作成」スキルの欠如や「リアリティ・ショック」が乗り越えられなかったことが，保育者の資質としても退職につながることとして同程度語られました。それに対し，「人間関係」を良好に保つ能力は保育者の資質としてのみ語られ，「優先順位」がつけられないことが退職につながる資質としてのみ語られました。時間のマネジメントと関連している優先順位ですが，この優先順位をつけられないことは，退職に直結する問題であることが示されました。

さらに，退職者の回答も含めた全回答から導き出された保育者としての資質は，「自立志向」「役割の達成」「受容性」「共感性」「計画性」を問うものであり，退職につながる資質は「時間管理」「意欲低減」「強い義務感」を問うものでした。

ここで問題提起をしたいと思います。時間のマネジメントは保育者個人の能力として捉えるべき問題でしょうか。保育者の業務負担感は，延長保育や休日保育の定着による保育時間の長時間化や新制度以降の業務の広範化により，ますます大きくなっています。次から次へと新しい書式に対応して書類をまとめなければならない，園内では終わらず家に持ち帰ることが前提となる仕事量，人手不足による業務の皺寄せといった職場環境の変化への対応が，個人の裁量に任されているのが現状です。仕事のやり甲斐を減じることなく，組織として各保育者の保育を支援するマネジメントを考える余地はないのでしょうか。

これは各園の園長によるマネジメントのみの問題ではないと思います。行政の担当者が「保育者不足」を嘆く前にやらなければならないことは，園の運営に関して「本当に報告が必要なことは何か」に優先順位をつけて絞り込むことです。また，園長や管理職などが書類作成担当者に対して，複数ある書類の重要度を示し，記載例を参照させて適切な分量や書き方を示し，優先順位がつけられるように配慮して，書類提出依頼をすることです。そのためには，市町村の保育担当部署の中に，監査や第三者評価を含め外部評価の基準や評価結果の

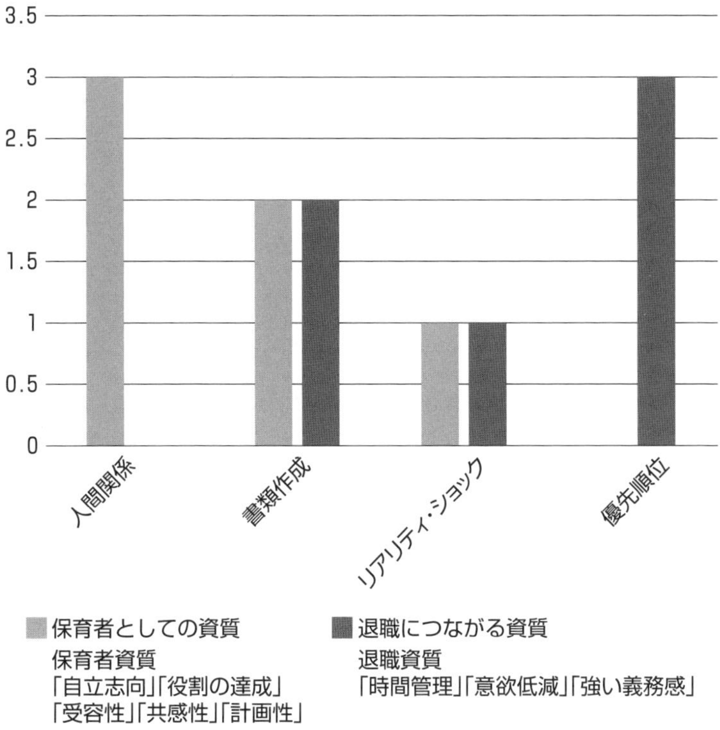

Figure5-2　管理職の語りに 複数出現した資質カテゴリ

公表について熟知し，また園の管理職に適切な助言を与え，各種書類の重要度と適切な記入方法について解説ができる人材を置くべきだと思います。また，園長はじめ管理職がクラス担当などに書類作成を依頼する際に考えるべきことは，日常の保育活動における記録の様式が効率よく集計できるようになっているものを考えるということです。例えば人数など数的な記録は，Excel のマクロ機能[1]を用い，日々の数字を入力していけば，自動で月末に集計ができるといった書式で管理することが可能です。

1) マクロとは，Excel 上での作業を記録し，自動的に実行してくれる機能であり，集計の自動化など事務作業の効率化に役立つ。

保育スキルに特化した研修も必要ですが，日常業務の効率化を図る研修やマニュアル作成も時間管理において重要です。特に保育の管理職には，文章作成や数値の操作が不得手な人もいます。AI 時代になり，様々な情報技術革新が起きているのに，保育の世界では書類作成の業務負担感が退職につながっている現状を考えると，人材確保政策の方向性が誤っていると言わざるをえません。登録者も確保できないマッチング事業に税金を使うよりも，各市町村に IT 技術と外部評価に詳しい「事務職」を配置するほうが退職者や保育者の潜在化を防ぐことに貢献すると思います。書類作成の負担が原因で他業種に再就職してしまう傾向は，日本だけでなくイギリスでも見られました。この原因に関しては，入試の内容も含め養成機関も軌道修正が必要だと思います。保育の仕事に直結するスキルを学ぶことに特化せず，一般的なアカデミック・スキルを身につけること，例えば行政資料の読み方，データ処理の方法，翻訳物の原著を読めること，文献検索や引用のルールなどにもっと傾注すべきです。保育者の研修時の発表でとても気になるのが，引用の仕方がわかっていないので研究者の意見なのか本人の意見なのかが不明で，「調べ学習」をした結果，その大概が剽窃[2)]となっていることです。こういった発表が許されていることも，保育者養成がアカデミック・スキルを軽視していることを表しているのではないでしょうか。

先の Figure5-2 の分析結果から，保育者養成についてはもう１つ提言ができます。大学在学中，あるいは各学校段階で優先順位をつけて時間管理する機会を意図的につくることが必要だということです。コロナ禍で突然オンライン授業になり，どの授業でも課題が出されたことで，不適応になる大学生が例年より多く見られたことがありました。課題提出がまったくできず，退学するしかなかった学生もいました。時間管理については，「できることが当然」と思っている人が多いことに盲点があるように思えます。明確にするために調査が必要ですが，大学生活で締切に追われても間に合わせて作業をしていた学生は，

2）出典を明記せず，他人の見解を自分の見解のように述べてしまうこと。近年研究者だけでなく大学生のレポートや論文に対しても，剽窃を簡単に調べる技術が開発されたことにより，厳しい指導が行われるようになってきている。欧米の大学では，退学になるケースもある。

社会人になっても就業継続ができているような実感があります。少なくとも，「成績が良かった」学生が就業継続できているとはとても言えない現状があります。おそらく養成機関の中で就業継続に主眼を置いた養成ができていないことが問題だという意識を共有すること自体，卒業後のことなので難しいのかもしれません。Figure5-2 の分析結果は，リカレント教育の重要性も指摘されるなか，保育職に必要な教育内容についての再考が必須であることの１つの証拠となると思います。

時間管理について，保育者だけでなく行政担当者や養成機関も問題を共有し，改善策をシステムとして考えていくことで，単なる個人の能力を超えて園全体での問題解決につながる可能性を示しました。時間管理を個人の能力の問題と捉えると，修正には限界があります。次章では〈人〉のマネジメントについて考えていきますが，これも個人の特性や能力の視点からではなく，システムの視点からアプローチしていきます。

第6章
退職や潜在化と保育マネジメント：〈人〉のマネジメント

この章では園の職員に対するマネジメントを，職員個人の特性だけでなく，職員と管理職の関係性から論じます。退職や潜在化を回避し，保育職特有の職員と管理職の関係性を踏まえて，前向きに日々の仕事と向き合えるようなマネジメントを考えていきます。

1. HRM（Human Resource Management：人的資源管理）の目標

経営学の領域で，「人」の管理をHRMと言います。リソースという言葉が示すように，従業員を資源と捉えて有効活用するための体系化された仕組みをつくり運営することです。企業体の目標を実現するために，人材の採用，育成，配置に関して戦略をもって行うことです。これは保育の世界でも当てはめることができます。職員の採用，研修やOJT[1)]の設定，そして毎年度末に頭を悩ませる職員配置など，これらすべて保育の管理職の業務です。ただし考えなくてはいけないことは，「何のために人的資源を管理するのか」，つまり　HRMの

1）OJTとは，実際の職務現場で業務を通して行う教育訓練のことで，「On-The-Job Training」の略称。反対に園外でまとまって研修を受ける教育訓練をOFFJT（OFF-JT）と呼び「Off-The-Job Training」の略称である。

目的です。純粋に企業体を考えた場合には，利潤の追求が主たる目的です。保育の場合は何が目的となるのでしょう。

「教育がサービス業である」という観点から見れば利用者からの高い評価を得ることは，企業で言うところの顧客満足でしょうか。あるいは子どもが将来，人として豊かな成長を遂げることでしょうか。前者は未来を見通す教育がしにくくなる可能性を孕んでいます。教育には将来のために，利用者にとって耳が痛い内容でも伝えなければいけないこともあり，満足にはつながりにくく，また「綺麗な園舎」や「外部講師による専門的な習い事」は概して保護者の評価が高いのですが，それが経営状況や教育課程上適切かどうかはまた別問題だからです。後者は，もちろん将来の経済的成功だけを指しているわけではないのですが，抽象的で具体的には捉えることが難しく，また園のHRMが直接的に効果もたらした結果であるかどうかはわからないことです。

保育の世界が抱える現下の問題は，保育者不足です。何のためにHRMが必要なのでしょうか。切迫している問題として，職員が辞めることの抑止，つまり就業継続を目標とすることではないでしょうか。パクら（Pak et al., 2019）によれば，高齢化と少子化によって労働者不足は深刻となり，したがって定年延長や早期退職の抑止といった各国の政策に見られるように，就業継続はHRMを通じてなしえることだと言います。そして多くの文献を精査した結果，HRMを実施することの影響を見ることになるのですが，仕事が中心的か末端かを問わずに，「仕事の資源」が就業継続の能力を保持し，継続を動機づけ，あらゆる機会に関与させ，肯定的な効果をもたらしていると報告しています。

「仕事の資源（Job Resources）」とは，仕事の要求度－資源（Job Demand-Resources）モデル（以下，JD-Rモデル）と呼ばれるHRMの理論モデルで使用される言葉で，Figure6-1のように表されます。精神的，情動的，身体的にどれくらいの水準で仕事をしなければならないのかを「仕事の要求度」，サポートや仕事を任される度合い，フィードバックといったことが「仕事の資源」とされています。「+」は正の影響を「－」は負の影響を表しています。つまり，「仕事の要求度」が高ければ業務負担も高く，結果として組織の成果には負の影響をもたらします。一方，「仕事の資源」が高ければモチベーションも高くなり，組織の成果も上がります。そして，重要なことは「仕事の要求度」と

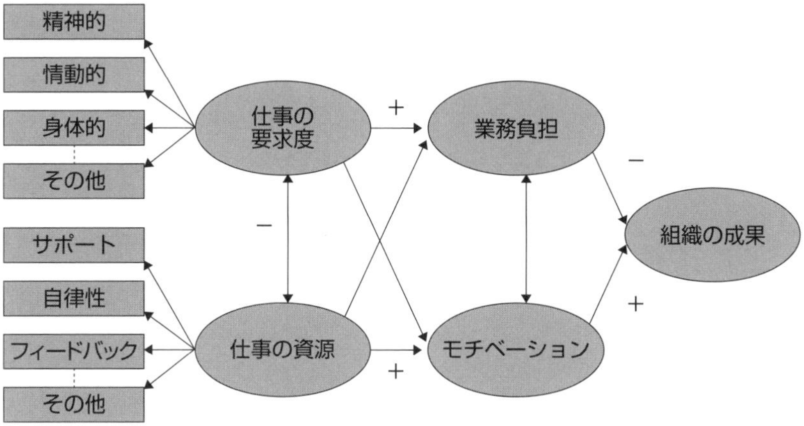

Figure6-1　仕事の要求度－資源モデル
（Figure1 The job demands-resources model; Bakker & Demerouti, 2007, p.313 を翻訳）

「仕事の資源」は負の関係，つまり一方が高ければ他方は低くなるという関係にあることです。

組織の成果を考えるならば，「仕事の要求度」はなかなか下げることはできないので，結果として業務負担を下げて組織の成果を上げることは難しいです。それに対し「仕事の資源」を高く豊富にすることを考えると，職員のモチベーションも組織の成果も上げることが可能となります。先述したパクら（2019）が指摘するように，組織の成果を就業継続と捉えれば，「仕事の資源」が就業継続に有効であることは見て取れるでしょう。

しかし，こうした企業体を対象とした「仕事の資源」についての見解が，そのまま保育職の「資源」に当てはまるのかは慎重に考えることが必要です。最近のマネジメント研修では企業研修を請け負う業者が，管理職を対象に「コーチング」理論を用いて研修を実施しています。企業では「コーチング」は人事部門のマネジメント研修の方法として部下の活性化を促し，メンタルヘルスにも効果があるとして採用されているようです（島津，2015）。では女性が圧倒的多数で構成される保育現場で，企業のように「コーチング」がうまく機能するのでしょうか。

女性同士の職場での上司－部下の関係性において，職位と先輩後輩の関係が逆転することはよくあります。これは仕事上の能力の問題だけではなく，例えば産休や育休によるキャリアの中断などが人によって異なることが大きく影響します。また，男性中心に考えられる企業のキャリアモデルでは，明確な上下関係をもとに「コーチング」する人とされる人の分化が当然と思われるかもしれませんが，女性同士あるいは女性管理職にとって明確な上下関係はかえってマネジメントの妨害要因になりえると考えられないでしょうか。そこで上下関係ではなく，横並びの関係で支援することの重要性が保育職には重要であると考えます。それは「同僚の支援」として捉えられるものであって，「管理職からの支援」ではないのです。次の研究からもそれが示唆されます。

2.　日本とイギリス：就業継続に必要な支援の違い

筆者は，2016 年から 2019 年にかけて，保育者の再就職に関して日英比較調査を実施しました（Yamamoto, 2020；山本，2020）。国内調査は，2016 年 12 月から 2017 年 1 月末にかけて，2 市公立保育園・こども園 8 園 13 名を対象にインタビューを実施しました。対象者 13 名全員が何らかの再就職に関して「必要な支援」について語る記述が得られ，その回答部分を分析対象としました。

イギリスでの調査は，2016 年 6-7 月，2017 年 2-3 月，2018 年 1-2 月，2019 年 2-3 月に 4 回実施し，21 日間で，計 31 名の保育者から「再就職に関する何らかの支援」について回答を得ました。イギリスでは，保育現場に無資格でも見習いとして働くことができるため，現場で働く経験をした後で大学に戻って資格を取る人たちもいて，その人たちも再就職志望者としてインタビューに回答してくれました。イギリスでは 2014 年の資格制度改変[2)]があり，4 年制大学卒以上で EYP（Early Years Professional）あるいは EYT（Early Years Teacher）に必要な単位を取得した人が「有資格者」となります。資格制度改変後の基準に沿って，回答が得られた者から，ここでは有資格者（レベル 6 以上保有者で再就職を経験している群 13 名；内訳：再就職保育者 3 名，管理職

2）詳細は，山本（2017）参照。

10名）の回答を日本の保育者と比較したいと思います。

分析の手続きは次のように行いました。再就職に関して，「あなたが考える最も必要な支援とは？［How do you think now what is the most important support for your return or to continue to work?］」の設問に対する回答を抜粋し，分析のためのデータとしました。そのテキストデータをIBM SPSS Text Analytics for Surveysを使って，テキストマイニングという手法で，出現頻度に基づくカテゴリ化を行い，カテゴリ間の関係の強さを共生起（テキストの中で一緒に使われること）が何回見られるかを図で示しました（Figure6-2, 6-3）。出現頻度は抽出カテゴリ数を見て，回答者数の半数以上が共生起させて使用している場合のみ抽出することを共通基準として設定しました。

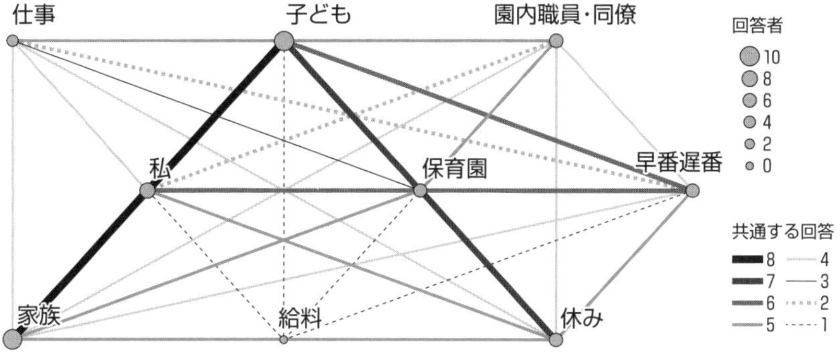

Figure6-2　「支援」に関する日本の保育者カテゴリWeb

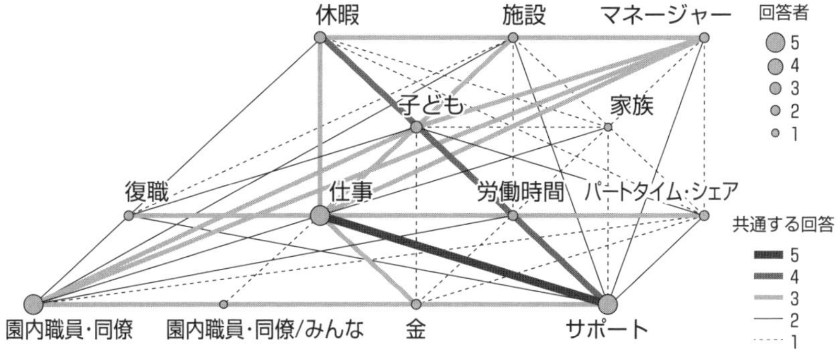

Figure6-3　「支援」に関するイギリスの有資格者カテゴリWeb

日本の保育者が必要とする支援の特徴（Figure6–2）として最初に指摘できることは，「支援・サポート」という語で中心化できるカテゴリが抽出されず，すべて支援の「対象」を指すカテゴリから構成されているという点にありました。これは日本語が主語がなくても伝わる言語であることが影響しているのかもしれません。それよりも２点目の大きな特徴が重要なようです。それは，「子ども－私－家族」が強い共起を示していることです。日本の再就職保育者は，「子ども」や「家族」と働く「私」の結びつきが強固であることが示されたと言えるでしょう。つまり，日本の保育者が働き続けるためには，家庭内での支援が何より重視されているということです。さらに「子ども（子）」のカテゴリを回答に含めた10名全員が「保育対象としての子ども」ではなく，「保育者自身の子ども」を意味していました。

この結果から，職場復帰時にしろ，再就職後の継続にしろ，日本の再就職保育者は「自分の子どもに対する支援」，つまり保育保障が重要であることがわかります。家族内で子どもの「面倒を見る」支援者の確保が支援のポイントとなることが推測されます。また「給料」よりも「早番遅番」や「休み」といった時間的要素の共起が多いことから，勤務条件面での支援を考える際には労働時間の視点が重要であると思われます。どちらにしろ，保育者の家庭環境が健全に維持されることが，就業継続を考える際の最優先事項であることがわかります。

次に，イギリスの有資格者について分析結果を見てみましょう。この群は制度の変更後も有資格保育者として働ける地位が保証されている人たちであり，現時点で再就職も経験し，さらにキャリア継続が図れる立場にある人たちでした。「サポート」という語で中心化できたので，「サポート」からの共生起カテゴリを図で示しています（Figure6–3）。イギリスの有資格保育者にとって，「サポート」つまり支援は「仕事」と強く共起していました。また，「家族」よりも「園内職員・同僚 」との強い共起が示されたことが日本と大きく異なる特徴でした。「子ども」の回答は３名中３名「保育者の子ども」を指していたので日本と同じように思えましたが，詳細に文脈を追ってみると，それは「自分の子どもを職場に預けることができる」といった，出産が退職理由であった保育者の職場復帰に関わる制度についての説明の中で起こった共生起でした。日本の保育者とイギリスの有資格保育者は「子ども」の内容が保育者自身の「子ども」を指していたことは同じなのですが，日本の保育者の場合は調査参加者の各家庭の事情が個別に語られるのに対し，イギリスの保育者の場合は制度としての再就職支援である「わが子を自分が働く施設に入園させることが再就職と同時に実施される」という職場慣行を語ったものであり，実際に職場復帰する保育者の子ども全体の観点から言及するような語りが見られました。

・だから彼女たちは数時間だけ戻りやすいように復職することができるし，ほとんどは自分の子どもを園に連れてくるでしょう。だから彼女たちは子どもと一緒に来て，数時間だけいる。9ヶ月間仕事から離れた後，ナーサリーに戻ってくるのは，本当に難しいことだし，何日間かそうすることで，移行をより容易にできるようにさせる。(管理職)
・もし彼女たちが子どもを持ち，ナーサリーで働くなら，かなり簡単なことだと思う，なぜなら赤ちゃんはそのナーサリーに通うことができるし，職員は普通安く預けることができるから。だから，スタッフが自分の子どもを連れてくるときには，ディスカウントが受けられる。(管理職)
・もしどこかに預けなければならなかったら，それから働きに来て，また迎えに行くってなっていたらもっときつくなっていたと思う。自分の子どもがドアの向こうにいることによって，とても働きやすくなっている。(有資格保育者)

日本の場合，保育者にとって自分が働き続けるための支援は，自身の子どもに焦点化されていました。ということは，マネジメントの視点で考えると，「働いている間，自身の子どもを見てくれる誰か」の存在を保障することが，最大の支援となると推測されます。その支援は，保育者自身の家族を資源としていることが現状から見て取れます。一方で，イギリスでは再就職と同時に同じ施設内に自身の子どもを預ける支援が常態化しているようでした。日本では公立園で働く母親が同一市内の保育所に子どもを預ける場合，母親の転勤に伴い子どもも転園させられたというケースや，同僚の目を気にして民間園に預けるなど，母親と子どもが同一園にいるというケースは稀であり，むしろ暗黙のうちにタブー視されているところもあるように思われます。この職場慣行の違いは，保育職の場合とても大きいと思います。なぜなら，「幼い子どもを預ける」ということに対して，「自分の子どもの面倒も見られないでいて，他人の子どもの面倒を見ている」という理不尽な批判が，保育職について回るからです。

日本で早急に着手しなければならない就業継続のためのマネジメントは，まず保育者自身の子どもの保育保障を定着させることであると考えます。保育保障がないと，労働者としてのアイデンティティ形成，専門職としてのアイデンティティ形成などの，就業継続上の職場での問題意識より「自身の子ども」の状況が優先され，有資格者であっても再就職を決断することが困難となり，また仮に就業継続を決断しても，保育者自身の子どもの養育に対する「子を他者に預ける」という罪悪感をもち続けることになり，就業継続の意識に影響するのではないでしょうか。

また実際に再就職して就業継続が可能となったイギリスの有資格者は，日本の保育者と同様，時間管理に関するカテゴリが出現することも注目すべき特徴でした。しかしこのカテゴリについても，日本の「早番遅番」とイギリスの「パートタイム・シェア」は似て非なる就業時間体系を表していることに注意が必要です。日本の保育現場の「早番遅番」は1日8時間以上のフルタイムであり，早朝から夕方早上がりもしくは午前の比較的遅い時間から夜6，7時までの長時間労働を意味します。逆に「パートタイム・シェア」はイギリスの週15時間保育無償化[3)]の時代から「午前だけ」「午後だけ」あるいは「月火担当」と「水木担当」という個人の都合に合わせた働き方であり，半日あるいは半週のクラス運営を2人以上で分業することを指しています。有資格者に対しては，以下のようなパートナー制を実施していることも語られました。

3）2017年から，イギリスでは両親が就業している場合，週30時間の保育が無償化されている。週15時間まで認められていた時期は，同一施設で午前と午後で子どもを総入れ替え制で保育が可能であったが，週30時間となると，子どもが長時間園に滞在することになり，受け入れ可能な子どもの数が半減し，企業によるナーサリーが業界から撤退する事例もあった。

・(就業継続に必要なのは）私はフレキシビリティだと思う。なぜならパートタイムで戻ってきて，それが私には重要なことだったし，だから今でも娘との時間はあるし，私のマネージャーは（週に）2日フル出勤で復職させてくれて，それから3日半出勤になった。3日半だから娘と一緒にいる時間も得られるし，助かっている。そう，私には強い代理，パートナーがいるってことは重要。代理は私をサポートすることができる。(有資格保育者)
・法的規制もあるけど，職場として私たちのところはフレキシブルだし，家族生活に価値を置いているからだけど，だからできるだけフレキシブルになるように努めている。(管理職)
・そう，私は1年を通じてフルタイムで働くよりも，子どもと居られる4週間の休みがある方がいいし，（自分の子どもが）学校に行っている時だけ働くのが家族にとって，とてもとてもよいです。それは素晴らしい。(有資格保育者)

以上のような発言からも，イギリスでは就業時間のフレキシビリティが高いことが示されました。一方，日本では「早番遅番」の分担制や「休み」の少なさがカテゴリとして表れて，支援が必要な「対象」となっていました。前章で触れたような時間のマネジメントの問題だけでなく，個人の働きやすさを優先できる就業慣行の見直しがなされれば，就業継続は期待できるのではないでしょうか。早番・遅番の確保だけでも大変な保育現場の実情もありますが，パートナー制による分業は取り入れてみる価値があるように思えます。また，復職と同時に自分の子もディスカウントされた保育料での入園が認められることやパートタイム・シェアといった有資格者の「特権」は，イギリスでは広く認知されているようでした。「特権」が資格取得の動機づけとして機能すれば，質向上と同時に再就職者の増加につながる1つの方策となりうるように思います。

以上のように，日本の保育者の就業継続への支援は，「家族」頼みであること，反対にイギリスではパートナーである「同僚の支援」が重要であることが示されました。またパートナーは，2人で交代しながら担任をするので，連携を図り，仮に問題があっても2人で対処するので，1人で抱え込むこともなく精神的な支えにもなっていると語られました。これがおそらく上下関係ではなく，「並行」の平らな関係での支援であり，女性が多い職場での支援として有効なのではないでしょうか。

3.　退職の実態：退職者と管理職のずれ

就業継続を図るための支援について考えるもう１つの方法は，就業継続ができなかった人に焦点を当てること，つまり退職者の退職理由について検討することです。なぜなら，退職理由そのものをなくしていくような支援を考えると，それは結果的に就業継続につながるからです。

第５章（p.69）でも紹介した，公立園での退職者と管理職を組み合わせたインタビュー調査の分析結果（坂井・山本，2018）から退職の実態に迫りたいと思います。この調査は，次のような手続きで実施されました。2014 年３月から 2017 年３月まで毎年度末に当該年度末での退職者がいる園の紹介を市役所担当部署から受け，筆者ら２名でその園を訪問し調査協力を得たうえでインタビューを実施しました。退職者と管理職は別の部屋で，基本的には同時に実施しました（退職者の勤務の都合でその人だけ別日に実施したケースもありました）。

対象となったのは，退職者 21 名，管理職 17 名（うち退職者の上司 14 名，部下３名）。了解が得られた場合には IC レコーダで記録，退職者のうち数名はレコーダへの録音を拒否したため，インタビュー後筆記により記録しました。後日，テープ起こしされた回答を退職者については退職に至った経緯と理由を，管理職には退職者の退職意思の予期（どのように気づいた／知ったのか），退職者に対する保育者としての評価，役職観，保育者に必要な／退職につながる資質といったカテゴリに分け，分析，数値化しました。

退職者と管理職の退職理由を 13 カテゴリに分類し，それぞれの出現度数（複数回答あり）をグラフ化した図が Figure6-4 です。このグラフからわかることは，次の４点でした。

①退職者が退職理由として「業務の量・質」「休職・時短制度の不備」を挙げていても，管理職はそれを退職理由として見ていない。

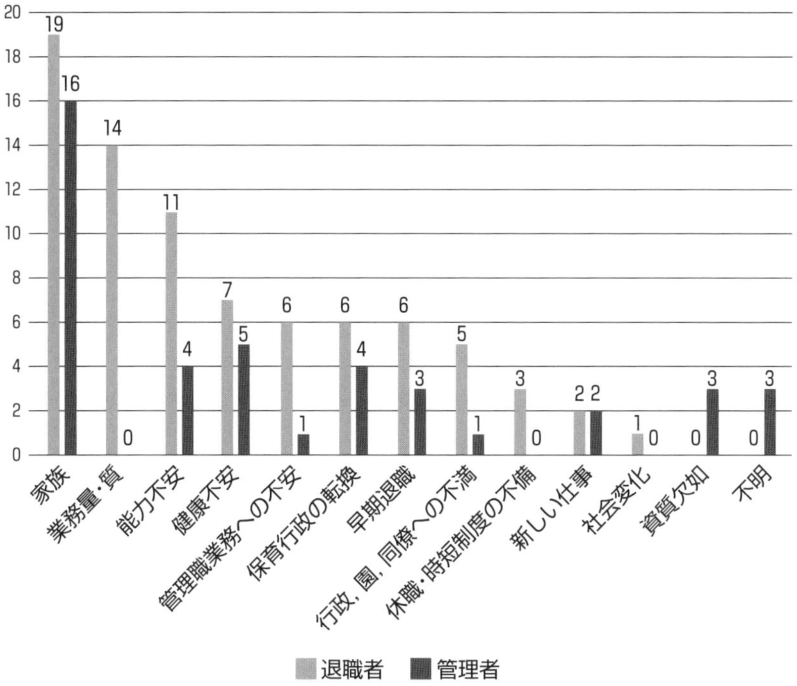

Figure6-4　**退職者が語る退職理由と管理職から見た退職理由**

②逆に管理職だけが回答した退職理由には，「資質欠如」と，理由がよくわからないといった「不明」のカテゴリがある。

③「家族」の理由が一番多く，管理職もその理由は把握している。

④対象者数の違いを考慮して，「度数４以上」のズレがあった項目は，「能力不安」「管理職業務への不安」「行政，園，同僚への不満」であり，いずれも管理職の回答数が低かった。

この４点をまとめると，業務負担感やそれによる不安，不満は実際に保育者の退職に結びついているが，管理職はそれらを理由として回答しない傾向があるということがわかります。ここには，管理職の立場では「自分たちの方がもっと業務が多くても，仕事としてやってきている」という「できて当たり前」という基準の考え方の違いや，「自分たちで改善できる問題ではないから，そこにこだわっても仕方ない」といった「あきらめ」が見られるのではないでしょうか。おそらく，それが退職者の「資質欠如」を退職理由として，管理職が見ていることに表れていると思います。

この退職者が語る退職理由と管理職が解釈している退職理由のズレに，マネジメントが機能する余地があるように思います。そこで管理職側17名の発言に焦点を当て，退職者の語りには含まれているのに，管理職がそれを退職理由として回答しなかった内容を度数でグラフ化してみました（Figure6-5）。このグラフでは，2名の退職者に対して3名の管理職が回答しているケースがあり，Figure6-4の退職者退職理由の度数より多い項目が存在しています。このグラフにより，先に指摘した「〈できて当たり前〉の基準の高さ」と行政施策の転換等に対する「あきらめ」によって，管理職には退職者の不安や不満が認識されにくいことがわかります。

最後に，管理職から見た退職者の「保育者としての評価」について語られた内容の分析を行いました。管理職と退職者の退職理由の回答をセットで見た場合，両者の挙げた理由がまったく同じ回答のケースは「一致」，同じ理由が挙げられているが管理職に不足があるケースを「欠如」，両者の理由がすべて異なる場合を「相違」とし，管理職の退職理由の回答のずれ方が「一致」（1）の

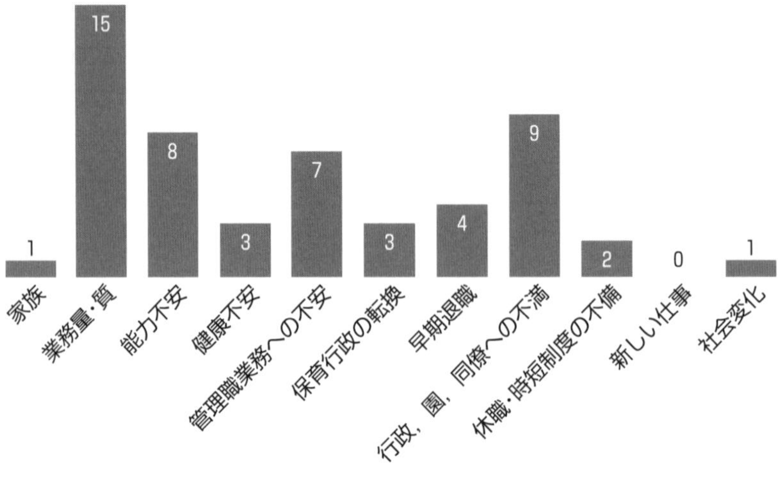

Figure6-5　管理職が回答しなかった退職理由

ケースは除いて，「欠如」(13) と「相違」(9) の違いに着目して退職者ごとに管理職が示した評価内容を分類してみました。「欠如」は管理職の回答が退職者の回答の一部だけであったケースです。これは，管理職が実際は認識していた退職理由をあえて回答しなかったという場合も想定されます。しかし，「相違」の場合は管理職が認識している退職理由と退職者が語った退職理由がずれた意味内容であることを示しています。

Figure6–6 は，「欠如・相違」別の評価内容カテゴリの出現度数をグラフ化したものです。この分析からわかることは，次の 2 点でした。

①「欠如」群は，退職者に対して管理職あるいは保育者としての適性があるとの評価をする傾向が見られた。それと対応して，共感・理解が示され，また「退職が残念」「もったいない」「いないと困る」といった「残念など」のカテゴリに含まれる表現も多く見られた。さらに，退職理由の回答では見られなかった「業務負担感の高さ」についての理解と共感が示されていた。

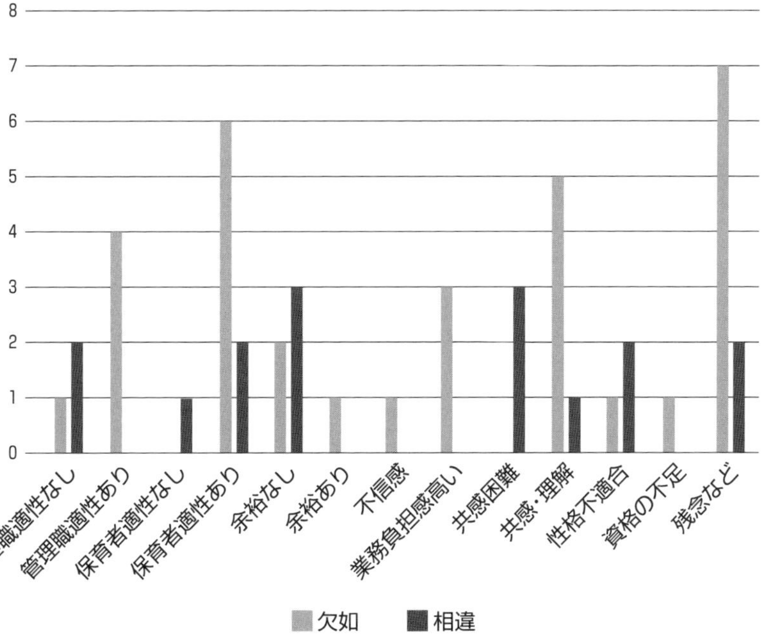

Figure6–6　**欠如・相違別管理職の退職者に対する評価**

②「相違」群はネガティブな評価が相対的に多く，なかでも「共感困難」は「相違」群にしか見られなかった。

この結果は，「欠如」群に関しては「適性もあるのに退職するのはもったいない。しかし退職には共感できる」ことを示しており，逆に「相違」群は「仕事上の適性も低いし，退職にも共感できない」ことを示しています。つまり，退職には管理職から見て，「辞めてほしくないけれど仕方がない」退職と「仕事ができないけど辞めることにも共感できない」退職があるということでした。

この２つの退職は，仕事ができる人の退職は家族の世話など引き止められない事情があり，仕事ができない人の退職は保育職への「資質の欠如」として捉えられると言い換えることもできます。前者は現場の業務負担感を増す要素となるでしょうし，後者は採用基準の不適切さやメンターとの関係性，OJT が機能していないなど職場の人的環境がうまくいっていないことの表れであると考えられます。

家庭の事情，特に親の介護や夫の転勤など不可避な理由で惜しまれる退職は，防ぎようがないのが現実です。ではもう一方の退職を抑制することを考えると，「資質の向上は，職場で可能なのか」という大問題に突き当たります。山本・坂井（2015）は，４つの市の公立・民間園，常勤・非常勤合わせて 2,174 名を対象に，研修効果に寄与する要因を調査した結果から，次のように指摘しました。現在の状況で職務や職務に関わる人との人間関係が良好で，すでにうまくいっている保育士に研修効果はあると認識されるものの，実際の職務において欠けている資質を研修で補おうとしても，その効果は得られない可能性が示されました。この結果は，保育の研究者には受け入れ難いものであったようですが，園長会や県の保育研究大会など管理職を対象に報告すると，「やっぱりね」という声がたくさん上がりました。現実に HRM の様々な条件間のバランスを取りながら，日々の園運営を実践している管理職からすれば，活用できない人材も抱えながら，国や地域から要求される水準で保育を行っているので，職員の資質のマネジメントまで手が回らないのは仕方ないと思います。

では，資質欠如による退職者を減少させるにはどうすればよいのか。１つは採用基準を明確化することです。近年，園長先生からかかってくる電話に「誰でもいいから，誰かいないか？」という新卒保育者急募の問い合わせがあります。「誰でもいい」とは，年度の初めに子どもの数に見合った保育者数であればどのような保育者でもよいということなのでしょうか。これまでの「使い捨て」と呼ばれた新卒から数年で退職させ，また新卒で補充する就業慣行を変えていかなければ，保育者不足は解消されません。しかも，この慣行は保育者のキャリア発達を保証できないだけでなく，常に経験不足の保育者に担当されるため子どもの就学前教育の質も上がらず，管理職は毎年採用の心配をし，先述したクラス運営計画の見通しが立たないという悪循環に園全体が陥ります。そうであるならば，保育新制度施行からある程度の年数を経て，様々な条件がクリアできない場合，園の統廃合も含め，「数」の調整が現実的になってきます。自園の強みを活かした保育を展開するのであれば，採用時の試験内容や評価基準にその特徴が現れるはずです。また，近年の非認知能力の重視，就学前教育が階級再生産を抑止する砦となることを考慮すると，いわゆる学校文化で求められる優秀さが働き続けることを保証するものではないことは明らかです。メタ認知（自分で自分をモニタリングして，コントロールする力）の高さやストレス耐性，他者との協働に関する能力が高いことは，キャリア継続に欠かせない資質です。見通しをもって仕事ができない保育者が，子どもに非認知能力をどうやって獲得させるのでしょうか。ピアノや志望動機といったスキルだけを見るのではなく，本質的な能力や資質を妥協なく採用試験に取り入れることが，まず退職者を減らす第一歩だと思います。

もう１つは，保育の資格・免許取得の困難度を上げることです。特に実習評価の厳格化は，園と養成校が連携して，現状把握と改善が急がれるところです。資質の欠如が退職に結びついている現状を，学生も保育者も管理職も真剣に考えるべき時期が来ているのではないでしょうか。就学前教育が子どもの一生に与える影響の大きさが主張され，それに伴い教育のPDCAやマネジメントなど業務はますます増えているのに，業務を遂行するために要求される資質を見直さないのは何故でしょうか。国の施策が変わるたびに，どこの園でも変化が浸透しきれないのは何故でしょうか。通常の保育の記録や指導計画などの文書作成技術ももちろん必要ですが，自力で行政の通達や解説文書を読める，また自分の保育のエビデンスを数量化できる，説明責任を果たせる，こうしたアカデミック・スキルの涵養が保育者になる過程でなされていることを，資格や免許取得が証明となるよう養成課程を再考することが，資格高次化の要件だと考えます。

第7章
コロナ危機とマネジメント

本章はこの本の執筆前の構想にはなかった内容です。第6章で研究成果の一部を紹介しましたが，筆者は2016年から毎年イングランド南西部のペイントン，トーキー，そしてプリマスのナーサリーと養成大学を中心に，キャリア研究の調査を実施してきました。2016–2019年の科研費による研究が終了し，次の5年間の研究費も確保できたところで，2020年3月以降まったく調査活動を停止せざるをえなくなってしまいました。

Covid-19は日本でも収束の兆しが見えず，第二波，第三波と呼ばれる感染流行にさらされてきました。イギリスでも大規模なロックダウンが繰り返されました。ロンドンなど都市部と，特に北部での感染者数・死亡者数が多く，ただ南西部は比較的安全だと聞いてはいました。日本と異なり施設保育の歴史が浅いため，保育現場では何が起こっていたのかを知っておきたいと思い，筆者の調査コーディネータを引き受けてくれているプリマス・マージョン大学講師でYET（Early Years Teacher；保育教員）養成コースのプログラム・リーダーであるハンナ・ホールドゲイト（Hannah Holdgate）先生に，ショート・コラムを寄稿していただきました。原文と翻訳を以下に掲載し，その内容を出発点に日本の緊急事態における保育のマネジメントについて考えていきたいと思います。

1. Risk management of Covid-19 in Early Years Settings in the UK
イギリスの幼児施設における Covid-19 のリスク・マネジメント

Hannah Holdgate
Plymouth Marjon University Programme Lead
- PGDip Early Years with Early Years Initial Teacher Training and MA Early Years
ハンナ・ホールドゲイト
プリマス・マージョン大学　プログラム・リーダー
ポストグラデュエート・ディプロマ課程／修士［保育］課程

On 18 March 2020, as the Covid-19 pandemic spread around the world, the United Kingdom Prime Minister, Boris Johnson, made a statement on Coronavirus to the UK Public via National Television. He stated

2020年3月18日，Covid-19によるパンデミックが世界中に広がり，イギリス首相ボリス・ジョンソンは国営テレビを通じて国民にコロナウィルスについて声明を出した。

> "So, I can announce today and Gavin Williamson [is] making statement now in House of Commons, that after schools shut their gates from Friday afternoon, they will remain closed for most pupils - for the vast majority of pupils- until further notice … So, we are simultaneously asking nurseries and private schools to do the same, and we are providing financial support where it is needed" (Gov. UK, 2020).

> 「本日私がお伝えできることは，現在ギャビン・ウィリアムソンが下院で声明を作成していますが，金曜の放課後から学校は休校とし，（閉鎖解除の）通知が出るまでほとんど大多数の生徒に対し学校は閉鎖されたまま

になります。政府はナーサリーや民間の学校にも一斉に同じことを要請します。そして，必要とされるところには財政的なサポートをします」(イギリス政府，2020)。

Schools and Early Years Settings closed on that Friday afternoon, 20 March 2020, to all but the children of critical workers（Doctors, nurses, care staff, supermarket workers and other staff who were vital to the pandemic response）and vulnerable children（children with an Education and Health Care Plan, children looked after by the local authority and children with a social worker（DfE, 2020a). More than 69,000 early years providers closed to all children during the first national lockdown（Local Government Association, 2021）whilst others furloughed[1] staff（Education Policy Institute, 2020）developed rotas for those staff working so that they did not work every week.

学校と就学前施設は，2020年3月20日金曜の午後から閉鎖され，クリティカル・ワーカー（医者，看護師，介護職員，スーパーマーケットの店員，そしてパンデミック下でも不可欠だったその他の職員）の子どもたちと，そして脆弱な子どもたち（教育と医療ケアプランを受けている，地方自治体が養育している，ソーシャル・ワーカーと共に生活している）を除いたすべての子どもたちに対して閉鎖された（教育省，2020)。69,000以上の就学前教育プロバイダーが最初のロックダウン期間中すべての子どもに対して閉鎖しながら，他の一時休職となったスタッフに対しては，毎週は働かないように仕事の当番表をつくった（教育政策研究所，2020)。

The Department for Education issued its first guidance to early years

1）71% of staff working in early years settings were furloughed between March and August 2020 according to a report by the Education Policy Institution and National Day Nurseries Association
教育政策研究所と国立デイ・ナーサリー協会によれば，就学前施設で働く職員の71%は，2020年3月から8月まで一時休職となった。

settings on the action they should take to reduce the risk of Covid-19 transmission on 24 March 2020 (DfE, 2020b). At the time of writing, this guidance had been updated 28 times. On 1 June 2020 Early Years Settings began to open to more children and there has not been a national closure of Early Years settings since this date, despite a further two National Lockdowns, including one where schools were closed to all children, apart from those children whose parents are considered critical workers and vulnerable children. Department for Education Guidance was updated on 15 May 2020 to support the wider reopening of Early Years Settings. Covid-19 health and safety measures at this time included: ensuring that the maximum number of children in a group was 15; keeping children and staff together in a bubble (small consistent group of staff and children) that was not allowed to mix with other staff and children; increasing levels of ventilation through having doors and windows open; not allowing parents or other visitors into the setting; removing soft furnishings and resources that are difficult to clean from settings and increasing cleaning regimes (DfE, 2020b). On 2 July 2020 the Department for Education removed its guidance that children should remain in small consistent groups (bubbles) and on 21 July 2020 the guidance to limit group sizes to 15 was removed in order to facilitate all young children to return to their early years settings (DfE, 2020b), as the smaller than normal group sizes and bubbling of children had meant many Early Years Settings had been unable to accommodate all the children registered with the setting. Despite the removal of guidance requiring small consistent groups, Department for Education guidance does require settings to minimise mixing of staff and children as far as is possible (DfE, 2020b).

教育省は，2020年3月24日（教育省，2020b）にCovid-19感染リスクを減らすために就学前施設が取るべき行動に関する最初の行動指針を発表しました。このコラムを執筆した時点で，指針は28回更新されています。2020年6月1日，就学前施設は，より多くの子どもたちに開放され始め，それ以降さらに2回の全国的なロックダウンがあったにもかかわらず，この日以来就学前施設の全国的な閉鎖はありませんでした。その内1回のロックダウンが，親がクリティカル・ワーカーである子どもと脆弱な子どもたちを除いたすべての子どもたちに対して閉鎖した時であり，それも含めてです。教育省の行動指針は，就学前施設がより広く再開できるようにするために2020年5月15日に更新されました。Covid-19健康安全対策には，当時次のことが含まれていました。確実に1グループの子どもの人数を15人以内とすること，他のグループと混成することは許されないバブル（一貫して同じスタッフと子どもたちで構成される小グループ）の中でスタッフも子どもも一緒に居続けること，ドアと窓を開けて換気のレベルを増加させること，施設内に親や他の人の訪問を許可しないこと，掃除が困難な柔らかい家具や資材を施設内から取り除き，清掃体制を増強することでした。2020年7月2日，教育省は，子どもたちが小さな一貫したグループ（バブル）に居続けるべきであるという指針を解除し，2020年7月21日に，すべての幼児が就学前施設に戻ることを容易にするために，グループサイズを15人に制限する指針が解除されました（DfE, 2020b)。通常より少人数のグループやバブルでは，多くの就学前施設が（入園）登録しているすべての子どもを施設に収容できないことを意味するからです。少人数で常に一貫したグループであるべきだという指針の解除にもかかわらず，教育省の指針は，可能な限りスタッフと子どもの関わりを最小限に抑えることを施設に求めています（DfE, 2020b)。

As with the group sizing, guidance for Early Years Settings on parents entering settings has frequently changed. In general, the guidance has discouraged parents from entering settings (DfE, 2020b) and most settings have requested parents remain outside of the settings during drop off and pick up (OfSTED, 2020a). Where absolutely necessary for parents to enter settings, they have been advised to wear face coverings and maintain a social distance from children and staff (DfE, 2020b). The challenges of working in partnership with parents have been amplified by the Covid-19 pandemic and settings have had to take creative approaches to parent partnership, including utilising a range of technological solutions, such as online learning journeys, utilising social media and video conferencing technology (OfSTED, 2020a). Parents not being able to enter buildings has had a particular impact on new babies, toddlers and young children starting in settings and again settings have had to be creative. Some settings have utilised outdoor spaces to enable settling in visits to take place, so that children starting at the setting for the first time have had the opportunity to see the staff and their parents together. Another mechanism used to support children's transitions into the setting is "virtual visits" (OfSTED, 2020a), where staff have filmed the settings and themselves for children and parents to watch. Some providers have simply had children handed over to a member of staff at the front door to the setting on their first day. Settings have identified that some children are more anxious and finding it harder to separate from their parents (OfSTED, 2020a).

グループサイズの設定と同様に，就学前施設の指針は親が園に入ってくることについても頻繁に変更されてきました。通常，指針は両親が施設に入ることを思いとどまらせました（教育省，2020b）し，そしてほとんどの施設は，親が子どもの送迎時には施設の外にいることを求めています（教育監査局，2020a）。やむをえず親が施設に入る必要がある場合は，顔を覆い，子どもやスタッフとソーシャル・ディスタンスを確保し維持するよう勧告されます（教育省，2020b）。親との連携の課題はCovid-19のパンデミックによって増強され，施設は親との連携のためにクリエイティブな手段を取らざるをえず，それにはソーシャル・メディアやビデオカンファレンス技術の利用も含まれます（教育監査局，2020a）。施設の建物に入ることができない親の問題は，施設での生活が新しく始まる乳幼児に特に影響があり，ここでも施設は創意工夫しなければなりませんでした。ある施設は親の訪問を屋外スペースの利用で可能にし，それによって初めて施設での生活を始める子どもたちにとっては，スタッフと両親が一緒にいるところを見る機会となりました。子どもたちの施設への移行をサポートするために使用されるもう1つの工夫は，子どもと親が見られるように保育者が施設と自分自身を動画撮影した「ヴァーチャル訪問」（教育監査局，2020a）です。一部のプロバイダーでは，子どもたちは初日に施設のドアの前で職員に引き渡されるだけでした。就学前施設では，一部の子どもたちにとっては不安がつのり，両親から分離するのが難しいことを認識しました（教育監査局，2020a）。

Where parents have been allowed into the building to support settling in processes, they have been encouraged to wear masks (DfE, 2020b). Parents / carers are also encouraged to wear masks during drop off and pick up and many staff working in Early Years Settings are also wearing masks at pick up and drop off time. Pick up and drop off times for some children have been staggered to reduce contact between parents during this time (OfSTED, 2020a; PACEY, 2020). Settings have also been encouraging only one parent / carer to drop children off or pick children up, to reduce the number of parents near the settings and make social distancing easier.

子どもが園に慣れるのを親が補助するために，親の施設内への立ち入りが許可されたところでは，マスク着用が奨励されました（教育省，2020b）。親も保護者も送迎時にはマスク着用が奨励され，就学前施設で働く多くの職員も送迎時にマスク着用が奨励されました。何人かの子どもはこの時期親同士の接触を減らすために，送迎時間をずらしました（教育監査局，2020a；PACEY, 2020）。施設は親／保護者が１人で送迎するよう勧め，施設近くにいる親の数を減らし，ソーシャル・ディスタンスを確保しやすくしました。

Reducing the number of adults allowed within settings has been an important risk management measure against Covid-19. Settings have been advised to limit the number of visitors to settings, including other professionals who may be working with children. As with partnerships with parents, settings have had to consider alternative mechanisms for working with other agencies, including utilising technology (DfE, 2020b). Along with visitors to settings, many Early Years Settings have chosen not to take trainee Early Years Teachers and trainee Early Years Educators on placement in order to reduce the risk of adults bring

Covid-19 into the setting. This has made it difficult for some training providers to place trainees. On 21 February 2021 the Department for Education updated their Covid-19 Guidance for Early Years Settings to bring it in line with the guidance for schools and explicitly stated that settings should accommodate trainees to “protect the pipeline of future early years staff”（DfE, 2020b, p.18）

施設内の大人の数を減らすことは，Covid-19 に対する重要なリスクマネジメントの措置です。施設は施設への訪問者の数を制限するよう指導され，子どもを対象に働く別の専門職も含めて制限されました。親との連携に関して，施設は他の機関と連携するためのテクノロジーの活用を含め，（対面によるコミュニケーションの）代替となる機能を検討しなくてはなりませんでした（教育省，2020b)。多くの就学前施設は，施設へ訪問することによって大人が Covid-19 を施設に持ち込むリスクを減らすために，保育教諭（EYT）の実習生と就学前教師（EYE）の実習生を配置しないことを選択しました。この選択は実習生を配置するいくつかの養成校に困難を与えました。2021 年 2 月 21 日教育省は就学前施設に向けた Covid-19 の指針を学校に対する指針とそろえるようにアップデートし，「将来の就学前スタッフのパイプラインを保持する」ため実習生を受け入れる施設が必要であることを明確に述べました（教育省，2020b, p.18)。

High levels of ventilation have been considered very important and settings have been advised to keep windows and doors open wherever possible（DfE, 2020b; DoH, 2020）. Settings have also utilised their outdoor spaces as much as possible, planning more outdoor activities（OfSTED, 2020a; OfSTED 2020b）. As well as increasing the amount of time spent outside and planning more outdoor activities, settings have had to consider the activities they run inside. Early Years Providers have removed resources that cannot easily be cleaned（DfE, 2020b; OfSTED, 2020b）and have had to carefully monitor other activities e.g. messy play. This means children do not have the same level of freedom as they have previously experienced (OfSTED, 2020b) and are involved in more adult led activities (OfSTED, 2020a).

高頻度での換気は特に重要であると考えられ，施設は窓もドアも可能なところはどこでも開けておくことが指導されました（教育省，2020b；保健省，2020）。また施設はできる限り屋外スペースを使い，屋外での活動を普段より多く計画しました（教育監査局，2020a；教育監査局，2020b）。多くの時間を屋外で過ごし屋外での活動を計画すると同時に，施設は屋内で運営する活動も考えなければなりませんでした。保育プロバイダーは簡単に掃除できない資材は撤去し（教育省，2020b；教育監査局，2020b），例えば泥んこ遊びなど他の活動も慎重に監視しなければなりませんでした。これは，子どもたちが以前に経験したのと同じレベルで自由にできない（教育省，2020b），より大人主導の活動（教育監査局，2020a）に関与していることを意味します。

Cleaning and hygiene have been emphasised throughout the Department for Education and Department for Health Guidance as an important way of minimising the risk of Covid-19 in Early Years Settings in England. Settings are regularly cleaning frequently touched points, such as light switches, work surfaces and door handles (DoH, 2020), Department of Health Guidance stipulates that this cleaning should take place using regular detergent and as a minimum occur twice a day (DoH, 2020). However, in some Early Years Settings frequently touched points are being cleaned as frequently as every two hours. Good hand hygiene has also been emphasised as an important mechanism to control to the risk of Covid-19 in Early Years Settings. Children are encouraged to clean their hands regularly including on arrival at their settings, if changing rooms, before and after eating and after using the bathroom (DfE, 2020b).

清掃と衛生管理は，イギリスの就学前施設でCovid-19のリスクを最小限に抑える重要な方法として，教育省と保健省の指針全体で強調されています。施設は定期的に照明スイッチ，作業台，ドアハンドルなどの頻繁に触れる箇所を清潔に保ち，保健省は通常の洗剤を用いて，最低1日2回この清掃を行う必要があると規定しています（保健省，2020）。ただ，一部の就学前施設では，頻繁に触れる箇所が2時間ごとに頻繁に掃除されています。手指を清潔にすることは，就学前施設でCovid-19のリスクを制御するための重要な手法として強調されています。子どもたちは，施設に着いた時，部屋を変えての食前食後，トイレを使用する前後を含め，いつも手指衛生を促されます（教育省，2020b）。

Early Years Settings have clear guidance to follow should a child develop symptoms of Covid-19 whilst at the settings. This includes staff dressing in Personal, Protective Equipment and taking the child to a room where they can be isolated from all other children and staff. If the child needs the bathroom whilst waiting for collection, the bathroom must be cleaned before it is used by anyone else. The child must not return to the setting until they have had a negative Covid-19 test, or they have isolated for 10 days. If they receive a positive test, then their family must also isolate for 10 days and children and staff who have been in close contact with the child must isolate for 10 days. Settings are required to report cases of Covid-19 within their setting to OfSTED within 14 days of the positive result. They are also required to engage with the National Test and Trace process. Settings receive support and advice from Public Health England to help them manage any outbreaks of Covid-19 in their settings（DfE, 2020b).

就学前施設には，子どもが施設でCovid-19の症状を発症した場合に従うべき明確な指針があります。これには，個人用の防護服を着用し，発症した子どもを他のすべての子どもやスタッフから隔離できる部屋に連れて行く職員の指針も含まれます。子どもが病院に連れて行かれるのを待っている間にトイレを使用する場合は，他の誰かが使用する前にトイレを清掃する必要があります。発症した子どもは，Covid-19テストで陰性になるか，10日間隔離が終わるまで施設に戻ってはいけません。彼らが検査で陽性だった場合，彼らの家族はまた10日間隔離される必要があり，発症した子どもと密接に接触している子どもやスタッフも10日間隔離されなければなりません。施設は，結果が陽性になった場合，14日以内にOfSTED（教育監査局）に施設内のCovid-19の事例報告をしなければなりません。彼らはまた，国の検査と追跡のプロセスに関与する必要があります。施設は，施設内でCovid-19の流行をマネジメントできるようにイギリス公衆衛生庁から支援とアドバイスを受けます（教育省，2020b）。

At the end of March 2021 twice weekly, asymptomatic lateral flow, home testing will be provided to staff working in Early Years Settings. Since January 2021 staff working in early years settings have been encouraged to access community, supervised lateral flow testing (DfE, 2020b). For many Early Years Settings this has not been possible, as testing sites have not been open in the evenings or are too far away from Early Years Settings. It has also caused some upset and feelings of inadequacy, as schools, which have been closed to most children during this time, have had access to home testing kits.

2021年3月末時点では週2回，無症候性ラテラル・フロー（側方流動抗原）の家庭用検査キットが就学前施設で働くスタッフに配布されています[2)]。2021年1月から就学前施設で働く職員は，ラテラル・フロー検査を管轄するコミュニティにアクセスするよう求められています（教育省，2020b）。多くの就学前施設では，検査に関するサイトが夕方には閉じていて，しかも就学前施設から遠すぎるため，これは不可能でした。またこの間ほとんどの子どもたちに対して閉鎖していた学校職員は家庭用検査キットにアクセスできたので，（就学前施設の職員間に）怒りと不満感を引き起こしました。

Early Years Settings in the UK have spent the last year adapting constantly to the risk presented by Covid-19 and ever-changing Government Guidance. The constant change and fear has left some staff feeling vulnerable and worried. Some staff have been furloughed,

---

2)【訳註】週2回の抗原検査キットの配布と検体の提出は，NHS（National Health Service；国民保健サービス）の医療従事スタッフと同様である。

and others made redundant, whilst the financial pressure on Early Years Settings means some may never reopen (Local Government Association, 2021).

昨年，イギリスの就学前施設は，Covid-19と繰り返し変更される政府の指針によってもたらされるリスクに絶えず適応する１年を過ごしてきました。絶え間ない変化と怖さから，ある職員は不安を感じ怖れています。またある職員は解雇され，その他の職員は超過勤務させられている一方で，就学前施設への財政的圧力によっていくつかの施設は再開できない可能性があります（地方自治体協会，2021)。

References

Department for Education. (2020a). *Guidance: Critical workers and vulnerable children who can access schools or educational settings.* Accessed February 10 2021 from: https://www.gov.uk/government/publications/coronavirus-covid-19-maintaining-educational-provision.

Department for Education. (2020b). *Guidance: Actions for early years and childcare providers during the coronavirus(Covid-19)outbreak. What childcare services early years settings, childminders and local authorities need to provide during the coronavirus(Covid-19)outbreak.* Accessed February 20 2021 from: https://www.gov.uk/government/publications/coronavirus-covid-19-early-years-and-childcare-closures.

Department of Health. (2020). *Guidance: Covid-19: Cleaning in non-healthcare settings outside the home.* Accessed March 3 2021 fromhttps://www.gov.uk/government/publications/covid-19-decontamination-in-non-healthcare-settings.

Education Policy Institution and National Day Nurseries Association. (2020). *The Covid-19 pandemic and the early years workforce: Staffing Decisions in an uncertain environment.* Accessed March 3 2021 from https://epi.org.uk/wp-content/uploads/2020/09/The-Covid-Pandemic-early-years-workforce-Aug-2020-2.pdf.

United Kingdom Government. (2020). *Speech: Prime Minister's statement on coronavirus(Covid-19): 18 March 2020.* Accessed February 3 2020 from https://www.gov.uk/government/speeches/pm-statement-on-coronavirus-18-march-2020.

Local Government Association. (2021). *Effect of the Covid-19 outbreak on early years settings, House of Commons, 12 January 2021*. Accessed February 20 2021 from https://www.local.gov.uk/parliament/briefings-and-responses/effect-covid-19-outbreak-early-years-settings-house-commons-12.

OfSTED. (2020a). *Covid-19 series: briefing on early years, October 2020 Evidence from research interviews with 208 registered early years providers and maintained nursery schools between 5 and 16 October*. Accessed February 10 2021 from https://assets.publishing.service.gov.uk/government/uploads/system/uploads/attachment_data/file/933836/COVID-19_series_briefing_on_early_years_October_2020.pdf.

OfSTED. (2020b). *Covid-19 series: briefing on early years, November 2020: Evidence from research interviews with 739 early years providers between 5 October and 11 December*. Accessed February 10 2021 from https://assets.publishing.service.gov.uk/government/uploads/system/uploads/attachment_data/file/943492/COVID-19_series_briefing_on_early_years_November_2020.pdf.

Professional Association for Childcare and Early Years (PACEY). (2020). *Covid-19 childcare toolkit for early years settings*. Accessed March 3 2021 from https://www.pacey.org.uk/working-in-childcare/spotlight-on/coronavirus/covid-childcare-toolkit/managing-your-setting/ .

2. リスク・マネジメントに関する考察

ハンナの寄稿で，イギリスの就学前施設におけるコロナ禍の状況がわかりました。日本の対応でも，最初の緊急事態宣言下では幼稚園は休園となったところが多かったようですが，保育所や認定こども園はできるだけ登園する子どもの数を減らすよう保護者に協力を求めましたが，開園しているところが多かったと聞いています（3 回目の緊急事態宣言が東京都，京都府，大阪府，兵庫県で出されている 2021 年 4 月 22 日時点で，埼玉県，千葉県，東京都，神奈川県，京都府，大阪府，兵庫県，香川県，愛媛県，福岡県で全面休園している保育所が 31 園あります）[3)]。特に子どもに密を避けマスクを常時着用と言っても難し

---

3) 厚生労働省　保育所等における新型コロナウイルスによる休園等の状況（4 月 22 日（木）14 時時点各自治体報告集計分）https://www.mhlw.go.jp/content/11920000/000772373.pdf

いなかで，保育者の苦労と心配はどれだけ大変なものであったのか計り知れません。イギリスは学校でもナーサリーでも，清掃スタッフは保育者と別に雇用されているのが普通です。それでも清掃と衛生管理が大変だったと言うのですから，日本の保育者の負担は相当大きかったと思われます。

ここでイギリスの保育者が振り回された「ガイダンス（指針）」について考えてみたいと思います。日本では厚労省が令和2年1月31日付事務連絡「保育所等における新型コロナウイルスへの対応について」から，イギリスのガイダンスに相当するものが出されます。この文書から令和2年3月19日付事務連絡まで6回の廃止・改定の通知がありましたが，それ以降大筋では変化がありません。この文書の中でイギリスとの違いが明らかなところがあるので，抜粋してみます。

留意事項⑶
「（略）該当する子ども等がいる場合，施設長は，すみやかに市区町村（認可外保育施設については都道府県，指定都市及び中核市）に対して，人数，症状，対応状況等を報告するとともに，発熱等の症状により感染が疑われる子ども等がいる場合は，保健所に報告して指示を求めること。」

このように市区町村の保育所が判断と指示の担当となると書かれています。これでは休園その他その日からの園の運営に関わる決定は，現場に丸投げの感が否めません。イギリスではまずエッセンシャル・ワーカー（イギリスではCritical Worker）の定義がされ，それ以外の職種の親を持つ子どもの登園禁止が省庁から通達されます。これは実習生の配置に関しても同様です。つまり，国が状況によって「受け入れる／受け入れない」の判断をし，時期によって指示を廃止したり復活したりしてきたということです。

実習の実施に関しても，日本は養成校あるいは実習園任せです。令和2年6月15日付厚生労働省子ども家庭局保育課事務連絡「新型コロナウイルス感染症の発生に伴う指定保育士養成施設の対応について」では，次のようなQ&Aが掲載されていました。

問5　実習先の子ども・保育士・実習生の安全確保を踏まえた保育実習の可否や，

養成校内で新型コロナウイルス感染症の学生や教職員が出た場合で，当該実習生が感染していない場合の保育実習の可否，事前，実習中の健康管理指導の内容や基準について，その判断基準は，何に依れば良いか。
（答）
○　濃厚接触者の範囲等については，「新型コロナウイルス感染症対策の基本的対処方針（新型コロナウイルス感染症対策本部決定）」や厚生労働省子ども家庭局保育課の事務連絡に留意して，地域の保健所に相談するとともに，保健所の指導・助言を踏まえ，実習施設所在の自治体や施設と協議の上，各養成校においてご判断いただくとともに，学生の健康観察，健康状態の把握に努めていただきたい。

このような対応の結果，何が起こっているのかは後々実証研究の蓄積によって明らかにされる問題ではありますが，養成校の実習担当として経験するなかでわかったことは，関係者間で意思決定の基本的な知識が欠落していることでした。例えば，学生に濃厚接触者が出てPCR検査の結果を待っている段階で他の学年の実習や就職活動を止める，逆に万一緊急事態宣言が出ても園がやっているなら実習を実施するといった根拠が一定でなく振り幅が大きい決定がなされていました。また実習依頼手続きが完了している同じ市内公立園でも他の園は受け入れ，特定の園は受け入れ拒否を決断する，実習途中で実習生が発熱し医者からの指示でPCR検査を受けたところ，万一陽性だった場合の養成校の責任を追及する，といった通常時なら起こり得ない事態が次々に起こりました。

この経験から，私たちが考えなければならなかったことは意思決定に伴う根拠を明確にする「説明責任」の問題であり，陽性か陰性かわからない時点では両方の結果に基づく判断を準備する必要があったということです。したがって，今回のコロナ禍における一番の問題点は，「意思決定」に際して依拠する指針が不明瞭であったこと，関係者間で決定の基準が共有されていなかったことです。

日本はイギリスに比べて，死者の数も感染者の数も非常に少ないので，イギリスの「ガイダンス」のように強い根拠を国が出す必要がなかったと言う理由もあるでしょうが，保育の仕事に携わる人はすべて教育監査局（OfSTED）に登録が義務づけられ，就職に際してはクリミナル・レコードによって近親に犯罪歴をもつものがいないことの証明が必要となるイギリスとは，もともと就学前教育に対する国の関与度が異なります。養成段階のカリキュラムも，細かな修正だけではなく，長いキャリアを想定し「保育職で管理職になるためのマネジメント」「緊急時の意思決定スキル」を組み入れる必要があるのではないでしょうか。

引用文献

Bakker, A. B., & Demerouti, E. (2007). The job demands-resources model: State of the art. *Journal of Managerial Psychology*, *22*(3), 309–328.

Csikszentmihalyi, M. (1975). *Beyond boredom and anxiety*. San Francisco, CA: Jossey-Bass.（チクセントミハイ，M. 今村 浩明（訳）(1991). 楽しむということ　思索社）

Csikszentmihalyi, M. (1990). *Flow: The psychology of optimal experience*. New York, NY : Harper & Row.（チクセントミハイ，M. 今村 浩明（訳）(1996). フロー体験：喜びの現象学　世界思想社）

Duckworth, A. (1905). *Grit: The power of passion and perseverance*. Simon & Schuster.（ダックワース，A. 神崎 朗子（訳）(2016). GRIT；やり抜く力　ダイヤモンド社）

Heckman, J. (2013). *Giving kids a fair chance*. Cambridge, MA: MIT Press.（ヘックマン，J. 古草 秀子（訳）(2015). 幼児教育の経済学　東洋経済新報社）

井邑 智哉・髙村 真広・岡崎 善弘・徳永 智子（2016）. 時間管理尺度の作成と時間管理が心理的ストレ ス反応に及ぼす影響の検討 心理学研究，*87*(4), 374–383.

梶田 叡一（1992）教育評価（第 2 版）　有斐閣

金 政志（2009）. 新人保育者による省察の意味とその変容を支える支援のあり方　保育学研究．*47*(1), 66–78.

公益財団法人全日本私立幼稚園幼児教育研究機構（2013）. 私立幼稚園のための学校評価ガイドブック．<https://youchien.com/research/evaluation/attqmr00000001m2-att/04_handbook_h24.pdf>

工藤 勇一（2018）. 学校の「当たり前」をやめた。生徒も教師も変わる！：公立名門中学校長の改革　時事通信社.

鯨岡 峻・鯨岡 和子（2007）. 保育のためのエピソード記述入門　ミネルヴァ書房

鯨岡 峻・鯨岡 和子（2009）. エピソード記述で保育を描く　ミネルヴァ書房

鯨岡 峻（2012）. エピソード記述を読む　東京大学出版会

鯨岡 峻（2013）. 子どもの心の育ちをエピソードで描く――自己肯定感を育てる保育のために　ミネルヴァ書房

国立教育政策研究所（2020）. 幼児教育・保育の国際比較；OECD 国際幼児教育・保育従事者調査 2018 報告書　明石書店

厚生労働省（2016）．児童福祉施設の設備及び運営に関する基準及び家庭的保育事業等の設備及び運営に関する基準の一部を改正する省令　厚生労働省令第 22 号（平成 28 年 2 月 18 日付）

松村 暢隆（2003）．アメリカの才能教育：多様な学習ニーズに応える特別支援　東信堂

文部科学省（2011）．幼稚園における学校評価ガイドライン（平成 23 年改訂）

文部科学省（2017）．新しい学習指導要領の考え方；中央教育審議会における議論から改訂そして実施へ．<https://www.mext.go.jp/a_menu/shotou/new-cs/__icsFiles/afieldfile/2017/09/28/1396716_1.pdf>

夏堀 睦（2005a）．創造性と学校；構築主義的アプローチによる言説分析　ナカニシヤ出版

夏堀 睦（2005b）．ギフティッド・エデュケーション　弓野 憲一（編著）世界の創造性教育（pp.163–175）　ナカニシヤ出版

OECD Centre for Educational Research and Innovation（CERI）（2014）. *Critical maths for innovative societies: The role of metacognitive pedagogies.* OECD Publishing.（OECD 教育研究革新センター 篠原 真子・篠原 康正・袰岩 晶（訳）（2015）．メタ認知の教育学；生きる力を育む創造的数学力　明石書店）

OECD（2015）. *Skills for social progress; The power of social and emotional skills*（*OECD Skills Studies*）. OECD Publishing.（OECD 無藤 隆・秋田 喜代美（監訳）（2018）．社会情動的スキル；学びに向かう力　明石書店）

岡崎 善弘（2012）．時間管理研究の現在　時間学研究，*2*, 45–53.

Pak, K., Kooij, D. T., De Lange, A. H., & Van Veldhoven, M. J.（2019）. Human resource management and the ability, motivation and opportunity to continue working: A review of quantitative studies. *Human Resource Management Review*, *29*(3), 336–352.

Renzulli, J. S., & Reis, S. M.（1977）. The schoolwide enrichment model: A how-to guide for educational excellence（2nd ed.）. Mansfield Center, CT: Creative Learning Press.（レンズーリ，J. S.・ライス，S. M.　松村 暢隆（訳）（2001）．個性と才能をみつける総合学習モデル　玉川大学出版部）

坂井 敬子・山本 睦（2018）．保育士のキャリア形成における阻害要因の研究　平成 25–29 年度科学研究費助成事業フィードバック報告書

Selman, R. L.（1975）. Level of social perspective taking and the development of empathy in children: Speculations from a social-cognitive viewpoint. *Journal of Moral Education, 5*(1), 35–43.

Shaklee, B. D., Barbour, N. E., Ambrose, R., & Hansford, S. J.（1997）. *Designing and using portfolios.* Boston, MA: Allyn & Bacon.（シャクリー，B. D.・バーバー，N.・アンブロース，R.・ハンズフォード，S.　田中 耕治（監訳）（2001）．ポートフォリオをデザインする――教育評価への新しい挑戦　ミネルヴァ書房）

Shaklee, B. D., & Viechnicki, K. J.（1995）. A qualitative approach to portforios; The early assessment for exceptional potential model. *Journal for the Edu-*

cation of the Gifted, *18*(2), 156-170.

島津 明人（2015）．職業性ストレスとワーク・エンゲイジメント ストレス科学研究, *25*, 1-6.

Steffy, B. E., Wolfe, M. P., Pasch, S. H., & Enz, B. J. (Eds). (1999). *Life cycle of the career teacher*. Thousand Oaks, CA: Corwin.（ステッフィ，B. E 他　三村 隆男（訳）(2013)．教師というキャリア；成長続ける教師の六曲面から考える　一般社団法人雇用問題研究会）

坪谷 邦夫（2020）．図解人材マネジメント入門　ディスカヴァー・トゥエンティワン．

Whalley, M. E. (2011). Leading and managing in the early years. In L. Miller & C. Cable (Eds.), *Professionalization, leadership and management in early years*. London: Sage.

Yamamoto, C. (2020). Motivation for and priority of work in the re-employment of EY workers: A comparative study between Japan and England. *Japanese Journal of Applied Psychology*, *46*(Special Edition), 1-10.

山本 睦（2015）．地域連携型公募事業を利用したプロジェクト学習の効果；「本物の評価」を含んだ創造活動の視点から　日本教育心理学会第 57 回総会発表論文集

山本 睦（2016）．保育教諭のための指導計画と教育評価　ナカニシヤ出版

山本 睦（2017）．イギリスの保育者資格制度改革後の現状と課題 常葉大学保育学部紀要 = Bulletin of *Faculty of Education and Care of Early Childhood Tokoha University*(4), 49-60.

山本 睦（2018a）．保育施設の管理職に求められるマネジメント力の日英比較　常葉大学保育学部紀要 = *Bulletin of Faculty of Education and Care of Early Childhood Tokoha University*(5), 23-34.

山本 睦（2018b）．幼児教育と保育の教育評価　古橋 和夫（編著）子どもの教育の原理（pp.199-218）萌文書林

山本 睦（2020）．保育職の再就職に関する阻害要因とキャリア再形成支援に関する研究　平成 28-31 年度科学研究費助成事業フィードバック報告書

山本 睦・坂井 敬子（2015）．保育士の研修効果に影響する諸要因の検討 常葉大学保育学部紀要 = *Bulletin of Faculty of Education and Care of Early Childhood Tokoha University*(2), 67-78.

全国社会福祉協議会（2016）．[共通評価基準] 各評価項目の判断基準に関するガイドライン（保育所解説版）および [内容評価基準] 各評価項目の判断基準に関するガイドライン（保育所解説版）<http://shakyo-hyouka.net/evaluation4/>

おわりに

前回の単著の執筆から，あっという間に5年が過ぎていました。この5年間に何度も渡英し，新しいフィールドで四苦八苦しながらたくさんの保育者や再就職志望者と出会えたことは，保育者のキャリアに関してもまた保育の場と専門性に関しても多くの視点を与えてくれました。2016年6月ブレグジットの国民投票が終わった直後，まさに「鉄道の駅」という風情のエレベーターがないペイントンの駅で，重いトランクと英語での調査への不安を引きずっていたのがつい昨日のことのようです。

「はじめに」にも書いたように，突然の生活様式の変化に対応するなかで，ようやく軌道に乗ってきた私自身の研究も，足留め状態を余儀なくされています。それでも，せっかくできたイギリスの養成校との関係を継続したいと思い，私の調査のコーディネータの1人であるハンナ・ホールドゲイト先生にCovid-19下のイギリスの就学前施設の状況をショートコラムにしてもらうことができました。興味をもって，この作業に取り組んでくれたハンナにはとても感謝しています。また，イギリス調査の最初からコーディネータを引き受けてくださり，指導も助言も励ましもいただいているマリリン・フライヤー博士にも心から感謝しています。私自身感染すれば重症化するリスクを抱えているので，ワクチン接種ができて早く2人に対面で会える日が来ることを待ち望んでいるところです。また，研修効果と退職の国内研究を一緒に行ってくれた和光大学の坂井敬子さんにも深く感謝申し上げます。

このコロナ禍の後にやってくると言われている世界の大変化は，どのくらいのスピードでやってくるのかわからないですが，子どもに身につけさせる能力や資質はすでに変わってきています。これから私は保育の分業システムの研究に入りますが，その後は振り出しに戻ると言いますか，創造性の研究に戻って研究生活が終わるような気がしています。マリリンは創造性研究の第一人者ですが，日本での創造性研究への関心の低さを伝えるといつも驚かれます。創造性を重視したナショナル・カリキュラムの制定に関わったマリリンからすれば，テスト範囲の要約が渡されそこに書かれていることだけ覚えて臨む定期試験など考えられないことでしょう。

出版に際し，急なお願いでも引き受けていただいたナカニシヤ出版編集部の宍倉由高さん，そして産休中にもかかわらずすぐにご対応くださった山本あかねさんはじめ皆様にはたいへんお世話になりました。これまでのご縁に甘え，ご迷惑をおかけしましたこと申し訳なく思っております。

まだまだ余談を許さない状況下ではありますが，少しでも保育者の助けになり，またこれからの保育を担うタマゴたちの力となるよう，この本が使われれば幸いです。

令和３年６月末日
山本　睦

資　料

資料1　保育所保育指針　5領域ごとのねらいと内容（3歳以上）
資料2　評価の観点例
　Ⅰ　保育の基本的理念と実践に係る観点（例）
　Ⅱ　家庭及び地域社会との連携や子育て支援に係る観点（例）
　Ⅲ　保育の実施運営・体制全般に係る観点（例）

資料1　保育所保育指針　5領域ごとの

健康	人間関係	環境
1　ねらい	1　ねらい	1　ねらい
(1)明るく伸び伸びと行動し，充実感を味わう。	(1)保育所の生活を楽しみ，自分の力で行動することの充実感を味わう。	(1)身近な環境に親しみ，自然と触れ合う中で様々な事象に興味や関心をもつ。
(2)自分の体を十分に動かし，進んで運動しようとする。	(2)身近な人と親しみ，関わりを深め，工夫したり，協力したりして一緒に活動する楽しさを味わい，愛情や信頼感を持つ。	(2)身近な環境に自分から関わり，発見を楽しんだり，考えたりし，それを生活に取り入れようとする。
(3)健康，安全な生活に必要な習慣や態度を身につけ，見通しをもって行動する。	(3)社会生活における望ましい習慣や態度を身に付ける。	(3)身近な事象を見たり，考えたり，扱ったりするなかで，物の性質や数量，文字などに対する感覚を豊かにする。
2　内容	2　内容	2　内容
(1)保育士等や友達と触れ合い，安定感をもって行動する。	(1)保育士等や友達と共に過ごすことの喜びを味わう。	(1)自然に触れて生活し，その大きさ，美しさ，不思議さなどに気付く。
(2)いろいろな遊びのなかで十分に体を動かす。	(2)自分で考え，自分で行動する。	(2)生活の中で，様々な物に触れ，その性質や仕組みに興味や関心をもつ。
(3)進んで戸外で遊ぶ。	(3)自分でできることは自分でする。	(3)季節により自然や人間の生活に変化のあることに気付く。
(4)様々な活動に親しみ，楽しんで取り組む。	(4)いろいろな遊びを楽しみながら物事をやり遂げようとする気持ちをもつ。	(4)自然などの身近な事象に関心をもち，取り入れて遊ぶ。
(5)保育士等や友達と食べることを楽しみ，食べ物への興味や関心をもつ。	(5)友達と積極的に関わりながら喜びや悲しみを共感し合う。	(5)身近な動植物に親しみをもって接し，生命の尊さに気付き，いたわったり，大切にしたりする。
(6)健康な生活のリズムを身に付ける。	(6)自分の思ったことを相手に伝え，相手の思っていることに気付く。	(6)日常生活の中で，我が国や地域社会における様々な文化や伝統に親しむ。
(7)身の回りを清潔にし，衣服の着脱，食事，排泄などの生活に必要な活動を自分でする。	(7)友達のよさに気付き，一緒に活動する楽しさを味わう。	(7)身近な物を大切にする。
(8)保育所における生活の仕方を知り，自分たちで生活の場を整えながら見通しをもって行動する。	(8)友達と楽しく活動するなかで，共通の目的を見いだし，工夫したり，協力したりなどする。	(8)身近な物や遊具に興味をもって関わり，自分なりに比べたり，関連付けたりしながら考えたり，試したりして工夫して遊ぶ。
(9)自分の健康に関心を持ち，病気の予防などに必要な活動を進んで行なう。	(9)よいことや悪いことがあることに気付き，考えながら行動する。	(9)日常生活のなかで数量や図形などに関心を持つ。
(10)危険な場所，危険な遊び方，災害時などの行動の仕方が分かり，安全に気を付けて行動する。	(10)友達との関わりを深め，思いやりをもつ。	(10)日常生活のなかで簡単な標識や文字などに関心を持つ。
	(11)友達と楽しく生活する中できまりの大切さに気づき，守ろうとする。	(11)生活に関係の深い情報や施設などに興味や関心を持つ。
	(12)共同の遊具や用具を大切にし，みんなで使う。	(12)保育所内外の行事において国旗に親しむ。
	(13)高齢者をはじめ地域の人々などの自分の生活に関係の深いいろいろな人に親しみをもつ。	

ねらいと内容（3歳以上児）

言葉	表現
1　ねらい	1　ねらい
⑴自分の気持ちを言葉で表現する楽しさを味わう。	⑴いろいろなものの美しさなどに対する豊かな感性を持つ。
⑵人の言葉や話などをよく聞き，自分の経験したことや考えたことを話し，伝え合う喜びを味わう。	⑵感じたことや考えたことを自分なりに表現して楽しむ。
⑶日常生活に必要な言葉が分かるようになるとともに，絵本や物語などに親しみ，言葉に対する感覚を豊かにし，保育士等や友達と心を通わせる。	⑶生活のなかでイメージを豊かにし，様々な表現を楽しむ。
2　内容	2　内容
⑴保育士等や友達の言葉や話に興味や関心を持ち，親しみをもって聞いたり，話したりする。	⑴生活の中で様々な音，形，色，手触り，動きなどに気付いたり，感じたりするなどして楽しむ。
⑵したり，見たり，聞いたり，感じたり，考えたりなどしたことを自分なりに言葉で表現する。	⑵生活のなかで美しいものや心を動かす出来事に触れ，イメージを豊かにする。
⑶したいこと，してほしいことを言葉で表現したり，分からないことを尋ねたりする。	⑶様々な出来事の中で，感動したことを伝え合う楽しさを味わう。
⑷人の話を注意して聞き，相手に分かるように話す。	⑷感じたこと，考えたことなどを音や動きなどで表現したり，自由にかいたり，つくったりする。
⑸生活の中で必要な言葉が分かり，使う。	⑸いろいろな素材に親しみ，工夫して遊ぶ。
⑹親しみをもって日常の挨拶をする。	⑹音楽に親しみ，歌を歌ったり，簡単なリズム楽器を使ったりなどする楽しさを味わう。
⑺生活のなかで言葉の楽しさや美しさに気付く。	⑺かいたり，つくったりすることを楽しみ，遊びに使ったり，飾ったりなどする。
⑻いろいろな体験を通じてイメージや言葉を豊かにする。	⑻自分のイメージを動きや言葉などで表現したり，演じて遊んだりするなどの楽しさを味わう。
⑼絵本や物語などに親しみ，興味を持って聞き，想像をする楽しさを味わう。	
⑽日常生活のなかで，文字などで伝える楽しさを味わう。	

資料2　評価の観点例

（厚生労働省　「保育所における自己評価ガイドライン 2020 改訂版」より抜粋）

Ⅰ　保育の基本的理念と実践に係る観点（例）

子どもの最善の利益の考慮
子どもの人権への配慮／一人一人の人格の尊重　等
子どもの理解
育ち／内面／個性／生活の状況／他者との関係性／集団（グループ・クラス）の状況　等
保育のねらい及び内容
発達過程に即したねらい及び内容／子どもの実態に即した保育の展開／健康・安全で心地よい生活／子どもの主体的な遊び・生活／体験の豊かさや広がり／子ども相互の関わりや関係づくり／集団における活動の充実　等
保育の環境（人・物・場）の構成
健康，安全で情緒の安定した生活ができる環境／自己を十分に発揮できる環境／自発的・意欲的に関われるような環境／多様で豊かな環境／活動と休息，緊張感と解放感等の調和がとれる環境／自ら周囲の子どもや大人と関わっていくことができる環境／状況に即した柔軟な環境の再構成／子ども・保育士・保護者等の対話を促す環境／地域社会の様々な資源の活用　等
保育士等の子どもへの関わり（援助・行動・言葉・位置・タイミング・配慮等）
養護と教育の一体的な展開（乳児保育・１歳以上３歳未満児の保育・３歳以上児の保育）／子どもが安心感や信頼感をもてる関わり／個人差への配慮／家庭での保護者との関係や生活への配慮／環境の変化や移行への配慮／子どもの変化に応じた活動の柔軟な展開とその援助／子どもの主体的な活動を促す多様で適切な援助／特別な支援や配慮を要する子どもへの関わり　等
育ちの見通しに基づく保育
全体的な計画／指導計画（短期・長期）／保育の記録のあり方・活用／行事の時期と内容／職員間の役割分担及び協力体制等

Ⅱ　家庭及び地域社会との連携や子育て支援に係る観点（例）

入所する子どもの家庭との連携と子育て支援
家庭の実態や保護者のニーズ・意向等の把握／保育所の特性を生かした支援／保護者との相互理解（情報の提供・共有や保育への保護者の参加）／保護者の状況に配慮した個別的な支援／不適切な養育等が疑われる家庭への支援／プライバシーの保護／保育所全体の体制構築　等
地域の保護者等に対する子育て支援
保育所の施設や機能の開放／子ども・子育てに関する相談・助言や情報提供／一時預かり等の活動　等
地域における連携・交流
地域の多様な人々との連携・交流／自治体・関係機関等との連携／小学校との連携／他の保育所・幼稚園・認定こども園との連携　等

Ⅲ　保育の実施運営・体制全般に係る観点（例）

組織としての基盤の整備
組織及び保育の理念・目標・方針とその共有／管理職の責務とリーダーシップ／組織全体のマネジメント／職員間の同僚性／職員の勤務環境及びその管理状況　等
社会的責任の遂行
法令等の遵守／個人情報の取扱い／苦情解決／保護者や地域社会に対する説明責任／情報の開示，提供　等
健康及び安全の管理
保健的環境の整備／安全の確保／子どもの健康や発育・発達状態等の把握／健康の保持及び増進に係る取組／食育の推進／疾病・事故等の発生予防や対応に係る職員間の連携や体制構築／家庭や保健・医療機関等との連携／災害への備え　等
職員の資質向上
職員同士が主体的に学び合う姿勢と職場の環境／研修の機会確保と充実／体系的な研修計画の作成／研修成果の共有・活用／評価の実施と結果を踏まえた改善／保育内容等に関する実践研究　等

索　引

事項索引

［　］はその索引語が述べられる文脈を示す。⇒は当該索引語と対になって述べられる語への案内を示す。

あ行

アカウンタビリティ　15, 47, 65
アカデミック・スキル　72
アクティブ・ラーニング　16, 57-59
安全管理　64
意見の吸い上げ⇒フィードバック　46
意識化［自己評価の原則］　22, 38
ヴァーチャル訪問　96
A（Action 改善）のための計画　46
HRM　75, 88
エピソード記述　3, 11, 13
エピソード形式の実習日誌　4
エピソード日誌　11
エビデンス　17
OJT　75, 88

か行

階級再生産　89
外在的評価　18, 20
外挿　58
階層構造［会議］　42
外部の人的資源　68
外部評価　47
学習評価の充実　56
学年グループ会議　42
学校関係者評価　47
学校評価ハンドブック　48
学校文化　89
カリキュラム　63
　――・マネジメント　66-68
間主観性　11
管理業務　44
管理職　64
記述の特異性　34
議事録　45
気づき　12, 22
ギフティッド・エデューケーション　67
客観的評価　28
キャリア継続　89
キャリアの中断　78
教育内容の配列　66
教育評価　4, 6
教育理念　24
教科横断的な学習　66
行事　18
共通基準［第三者評価］　48
業務のスリム化　49
業務負担感　42
共有［自己評価の原則］　22, 38, 40
共有することを前提とした文章　34
記録・省察・評価　5
グリッド　58
クリティカル・ワーカー　93
形成的評価　18, 19
決定事項の適用期間　46
研修効果　88
Covid-19　51, 91, 96, 98
コーチング　77

さ行
再就職　78, 79
才能教育　67
刷新　14
サポート会議　43
JD-R モデル　76
資格高次化　90
時間［マネジメント］　63, 66
時間管理　66
仕事の資源　76
仕事の要求度　76
　――資源モデル　76, 77
自己評価　3, 20, 21
　――の原則　38
施設・環境の評価　47
事前的評価　17, 18
実習評価の厳格化　89
児童票　19
指導要録　19
自発性　19, 59
社会経済的成果　58
社会情動的スキル　51, 58
社会性　59
就業継続　76
主観的評価　28
手段の目的化　56
省察　5, 13
省察－刷新－成長モデル　13
省察的思考　13
職員のキャリア発達　65
職員の就業継続　65
職場復帰に関わる制度　80
職場慣行　81
書類作成　70
自立［生活］　65
心・情・意　23
人材確保政策　72
人材マネジメント　64, 66
新制度　41
診断的配置的評価　17, 18
人的資源管理　75
スキル　26
ストレス耐性　89
政策提言［OECD］　54
成長　14
絶対評価　26
説明責任　10, 15, 47, 65
潜在化［保育者］　66, 75
全体的な計画　24
選択［自発性］　60
総括的評価　18, 19
早期退職の抑止　76
創造性　23, 59
相対評価　26
組織の成果　76
卒園時の姿［到達目標］　39

た行
体系化［自己評価の原則］　22, 38
第三者評価　46, 47
対象との関係性［記述］　34
退職　75
　――につながる資質　70, 71
代表者会議　43
代表者－補佐役間打ち合わせ　43
他者との協働　59, 89
多様な視点を取り入れ活用する取組　37, 38
地域に開かれた保育　66
チェックリスト形式［自己評価の方法］　40
チャレンジ　26
長期・短期指導計画　24
伝わる文書　28
問いを立ち上げる力　59
統計学　49
到達度評価　26
到達目標　20, 25, 31
同僚の支援⇒管理職からの支援　78, 83

な行

内容基準［第三者評価］　48
ナショナル・カリキュラム　67
日常業務の効率化　72
人間性等の涵養　57
認知的スキル　58
ねらい［指導計画］　13

は行

パートタイム　45
——・シェア⇒早番遅番　82
パートナー制　82, 83
パフォーマンス評価　68
早番遅番⇒パートタイム・シェア　82
PDCA サイクル　4, 5, 6, 22, 38, 40, 64, 66
非認知能力　9, 51, 58
批判的思考力　59
評価項目の一元化　49
評価主体　22
開かれた評価　24
ファイリング　30, 45
フィードバック⇒意見の吸い上げ　44
フォロワー⇒リーダー　44
プライオリティ　46
フロー　26
プロジェクト志向［会議］　42
文章化・対話［自己評価の方法］　41
保育士等による自己評価　6, 17, 37
保育者としての資質　70, 71
保育者不足　76
保育所（組織）による自己評価　6, 37, 38, 41
保育所における自己評価ガイドライン　3, 6, 22, 38
保育内容等の評価　22, 37
保育の教育化　3
保育保障　80, 82
保育マネジメント　65
ポートフォリオ　7-9
——評価法　7-11, 19
本物の学習　9, 56

ま行

学びに向かう力　57
マネジメント　63, 64
明確化［自己評価の原則］　22, 38
メタ認知　59
モチベーション　76

や・ら行

役割取得　59
有資格者　78
優先順位　46
横並びの関係の支援⇒管理職からの支援　78

リアリティ・ショック　70
リーダー⇒フォロワー　44
リカレント教育　49, 73
利用者による評価の公表　48
歴史性　12
ロックダウン［Covid-19］　95
論理的文章　28

人名・団体名

A to Z
Bakker, A. B.　77
Demerouti, E.　77
NHS　102
OECD　51, 52, 58
　──教育研究革新センター　59
PACEY（イギリス）　97
Selman, R. L.　59
Viechnicki, K. J.　7
Whalley, M. E.　64

あ行
イギリス政府　93
井邑智哉　69
岡崎喜弘　69

か行
梶田叡一　7, 18
教育監査局（OfSTED イギリス）　96, 97, 99, 101, 105
教育省（DfE イギリス）　93–102
教育政策研究所（イギリス）　93
鯨岡　峻　11
鯨岡和子　11
厚生労働省　3, 6, 22, 32, 37, 48, 64, 103
厚生労働省子ども家庭局　4
国立教育政策研究所　52

さ行
坂井敬子　69, 84, 88
滋賀県琵琶湖環境部エコライフ推進課　3
島津明人　77
シャクリー（Shaklee,　B. D.）　7
シューハート（Shewhart, W. A.）　6
ステッフィ（Dteffy, B. E.）　13, 14
全日本私立幼稚園児教育研究機構　48

た行
ダックワース（Duckworth, A.）　58
チクセントミハイ（Csikszentmihalyi, M.）　26, 27
地方自治体協会（イギリス）　102
坪谷邦夫　64
デミング（Deming, W. E.）　6
デューイ（Dewey, J.）　13, 14
ドラッカー（Drucker, P. E.）　64

な・は・ま行
夏堀　睦　56, 67

パク（Pak, K.）　76, 77
ヘックマン（Hechman, J.）　15, 52
ホールドゲイト（Holdgate, H.）　91, 92, 103
保健省（DoH イギリス）　99, 100

松村暢隆　9
文部科学省　47, 55, 57, 66

や・ら行
山本　睦（Yamamoto, C.）　7, 8, 21, 25, 27, 28, 39, 58, 64, 69, 78, 84, 88

レンズーリ（Renzulli, J. S.）　56

著者紹介

山本　睦（やまもと　ちか）博士（教育学）
東京都立大学大学院人文科学研究科博士課程修了（2003 年）
常葉大学保育学部教授
主著に
保育教諭のための指導計画と教育評価（2009 年　単著　ナカニシヤ出版）
創造性と学校（2005 年　単著　ナカニシヤ出版）
教師を支える　研修読本（2014 年　共編著　ナカニシヤ出版）
ひとつ上をいく卒論・修論をはじめるための心理学理論ガイドブック（2011 年　共編著　ナカニシヤ出版）　など

保育・教育の評価とマネジメント

2021 年 8 月 20 日　　初版第 1 刷発行　　定価はカヴァーに表示してあります

著　者　山本　睦
発行者　中西　良
発行所　株式会社ナカニシヤ出版
〒 606-8161　京都市左京区一乗寺木ノ本町 15 番地
Telephone 075-723-0111
Facsimile 075-723-0095
Website http://www.nakanishiya.co.jp/
Email　iihon-ippai@nakanishiya.co.jp
郵便振替　01030-0-13128

装幀＝白沢　正／印刷・製本＝創栄図書印刷株式会社

ISBN978-4-7795-1595-8 C3011